中国人
強制連行の
生き証人たち

[写真·文]
鈴木賢士
Suzuki Kenji

高文研

※——はじめに

中国人の強制連行は「古くて新しい問題」です。それが行なわれたのは一九四〇年代前半のアジア太平洋戦争末期ですから、確かに古い話にはちがいありません。しかし、それに対する謝罪や補償が未解決のまま放置されてきたため、いま現在、中国人被害者が日本の政府と企業を訴える裁判が、北海道から九州まで、全国八カ所で進行しています。その意味で、これは過去の話ではなくて、きわめて新しい、今日の日中間の問題ということになるのです。

さらに、北朝鮮による拉致《らち》事件が明るみに出て以来、あらためて、外国に無理やり連れ去られる拉致という国家犯罪が、いかに非人道的で、被害者と家族に悲惨な思いをさせるものか、知らされました。その痛みを知れば知るほど、過去に日本が行なった大規模な拉致＝中国人強制連行についても、日本がいつまでも放置することは人道上許されることではないと思います。

太平洋戦争の終わりごろ、日本は働き盛りの男たちがすべて戦場に駆り立てられ、深刻な労働力不足になりました。その穴埋めのため、まず日本が植民地にしていた朝鮮半島から大量に連行し、つづいて中国本土からも中国人を連れてくることにしたのです。その結果、約四万人の中国人が、はるばる海をわたって日本に連行され、北海道から九州まで、全国の鉱山、土木建設や港湾、荷役などの現場で、まともな食事も与えられないまま、強制的に働かされました。

北朝鮮による拉致と、日本が行なった強制連行は、目的も方法も違います。しかし、強制的に外国に連行された被害者と家族の苦しみに変わりはありません。日本人が他国から受けた拉致被害に対して、救済と補償を求めるのは当然です。同様に、日本が過去に他国民に行なった加害行為についても、きちんと謝罪し償いをするのが人の道というものではないでしょうか。

ところが日本政府は、長年にわたって、そうした事実そのものを隠し続けてきました。一九九三年にNHKが放映した『幻の外務省報告書』で、ようやく中国人強制連行の全体像が明らかになったのです。それを契機に、命からがら本国に帰った被害者たちが、日本の政府と企業を相手に裁判に立ちあがったのです。

日本で強制的に働かされてからすでに六〇年近い歳月がたちますが、本人にとってこのことは、忘れようとしても決して忘れ去ることのできない、痛苦の刻印です。老い先短い被害者たちは、お金だけの問題じゃない、何とか生きているうちに事実を認めて謝ってほしい、と訴えているのです。こうした強制連行の生き証人たちを華北各地に訪ねて、ありのままの姿をカメラに収めました。

中国では古くから「前事《ぜんじ》不忘《ふぼう》　後事《こうじ》之師《のし》」（史記）という言葉が言い伝えられています。前にあった事を忘れないでいれば、その経験が後で役立つという意味です。二一世紀に隣国と真の友好関係を築くためにも、正しい歴史認識が必要です。前の事を忘れずきちんと処理していく誠意と勇気が、いま求められているのです。とくに若い世代のみなさんに、この事実を直視してもらいたいと願うものです。

生き証人たちの写真と証言が問いかけているもの

中国人戦争被害賠償請求事件弁護団幹事長
弁護士　小野寺　利孝

日本と中国の「友好」と「平和」の確立は、国民的な願いです。そのためには、両国民の間に基本的な信頼関係が築かれ、かつこれが持続することが不可欠です。

しかしいま、この信頼関係が揺らいでいます。その主な要因の一つが、歴史認識問題にあることは明らかです。

例えば、今日、北朝鮮拉致《らち》被害問題に関する国民的怒りが高まり、被害者への同情と連帯が高揚しています。しかし、約四万人にのぼる中国人拉致被害者と、約七千人が死亡するという犠牲をもたらした中国人強制連行・強制労働について思いを馳《は》せる世論は未熟です。八年前から被害者たちが、日本の裁判所でわが国の「謝罪」を求めて裁判を行っているのに、です。

このいわゆる「戦争遺留問題」を解決せずに、正しい歴史認識と両国民の信頼関係を確立することとは出来ない――そのことを、一人のカメラマンが取材した被害者たちの写真と証言が、私たちに静かに問いかけています。

※文章ページ＝目次

装丁　商業デザインセンター・松田 礼一

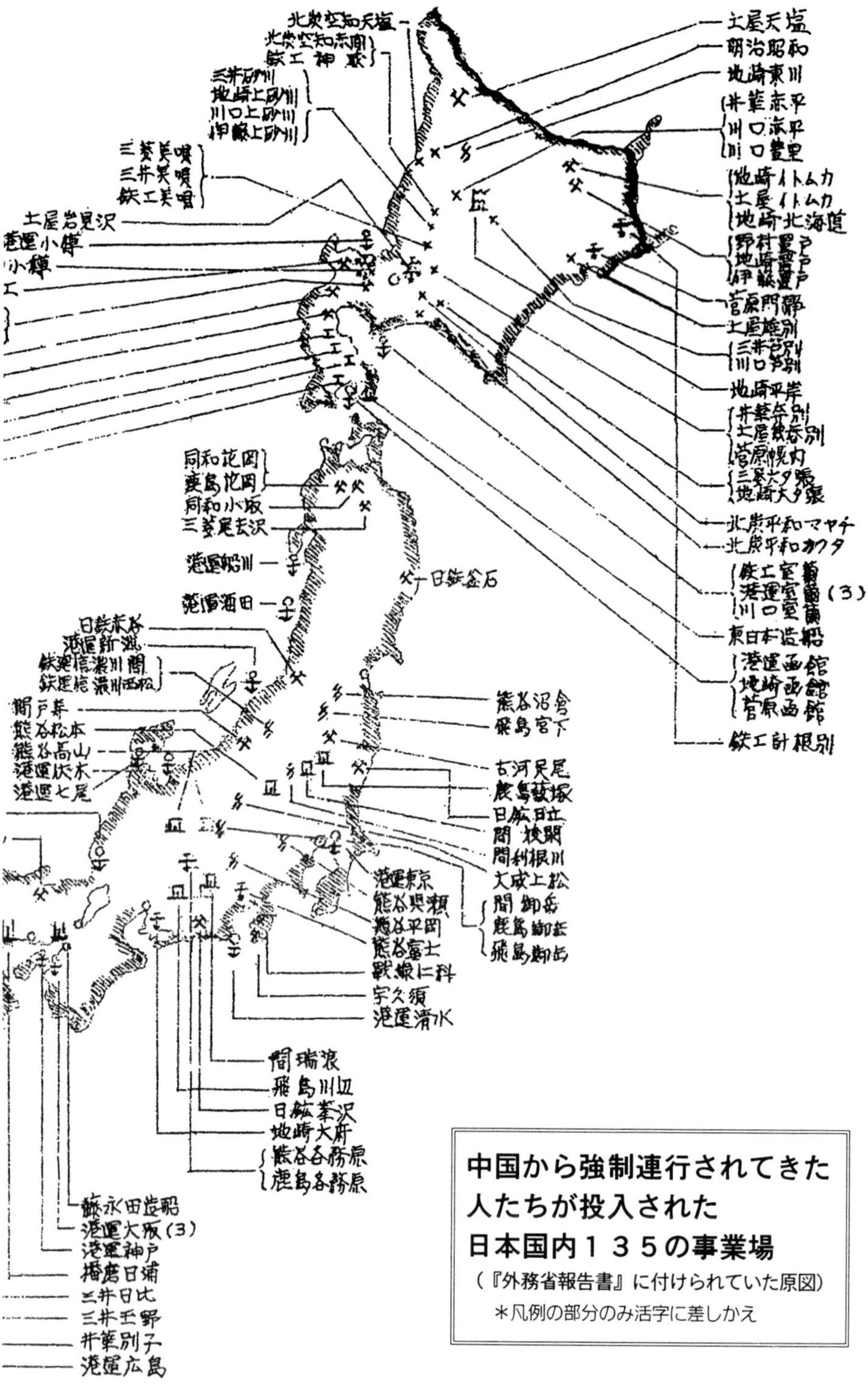

中国から強制連行されてきた人たちが投入された日本国内１３５の事業場

（『外務省報告書』に付けられていた原図）

＊凡例の部分のみ活字に差しかえ

華人労務者配置要圖

凡　　　　例

	炭鉱
	鉱山
	製錬所
	造船所
	発電所建設事業場
	飛行場建設事業場
	鉄道港湾建設事業場
	地下工場建設事業場
	工場建設事業場
	鉄道除雪事業場
	港湾荷役事業場

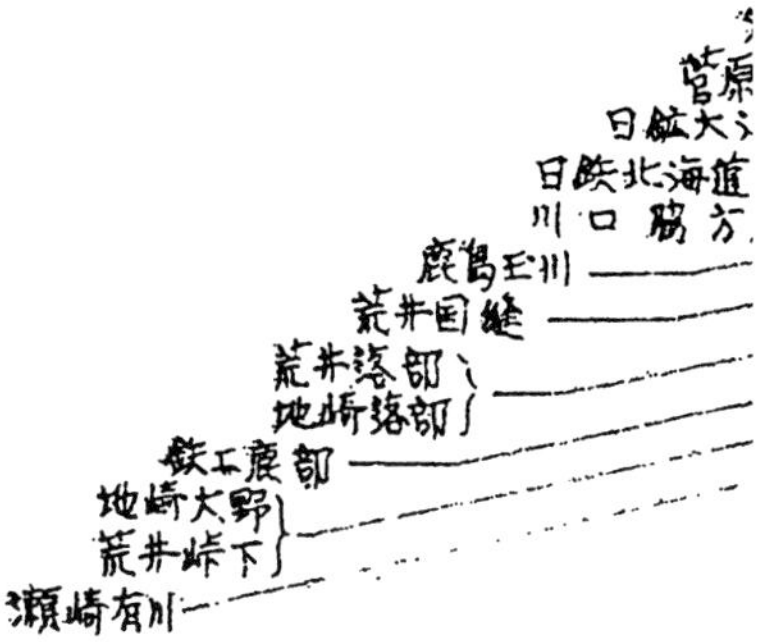

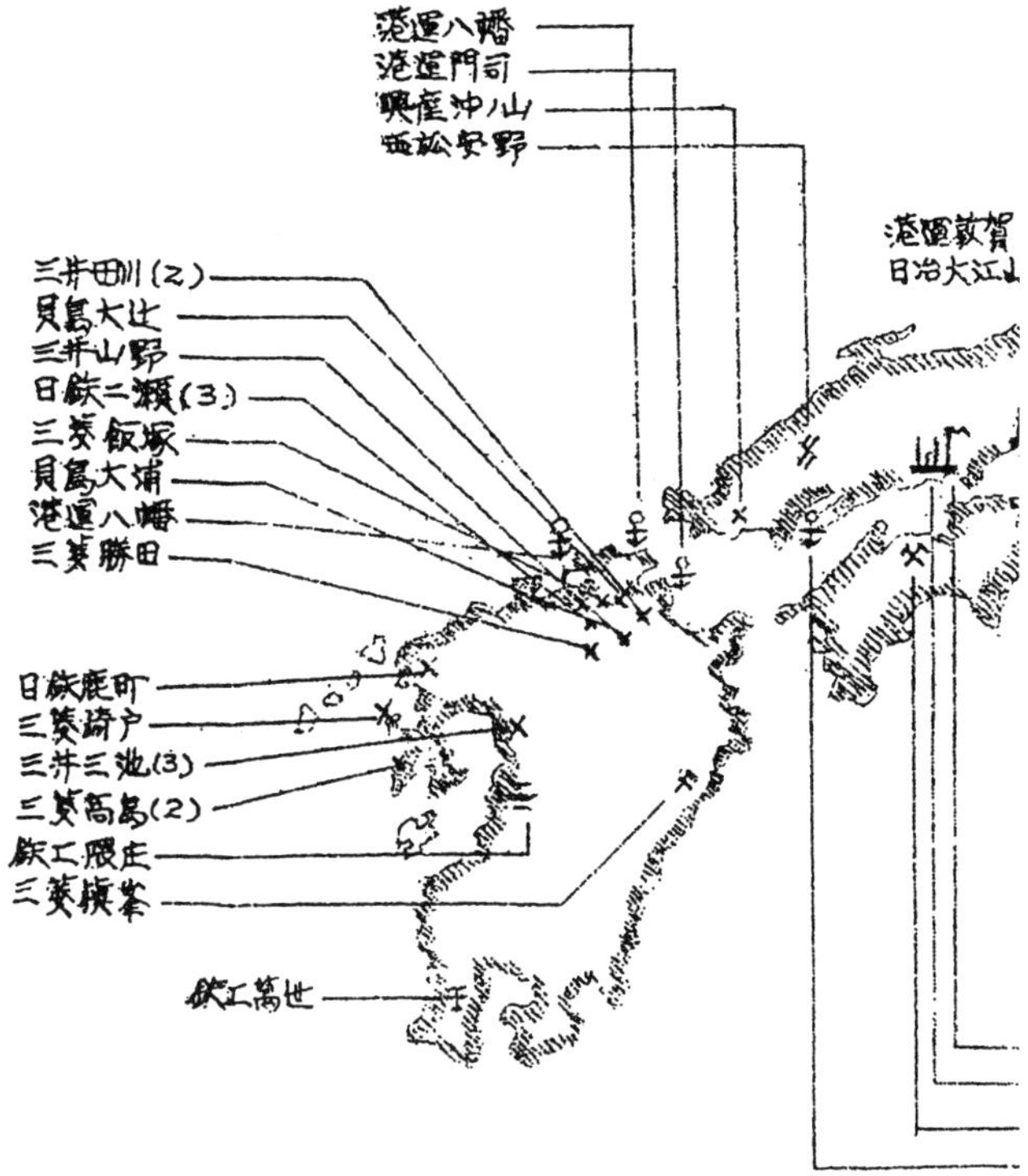

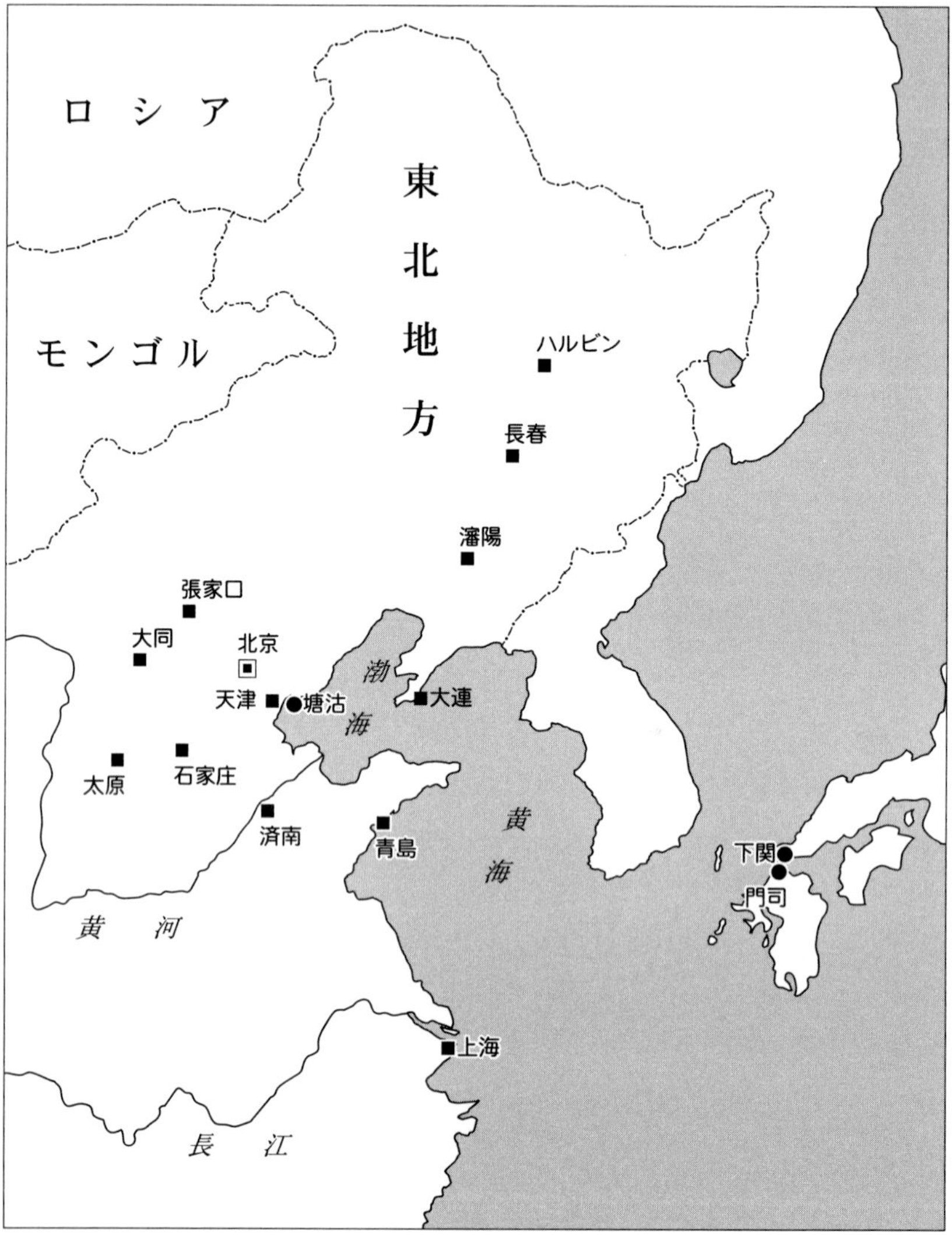

ロシア
モンゴル
東北地方
ハルビン
長春
瀋陽
張家口
大同
北京
天津
塘沽
大連
渤海
太原
石家庄
済南
青島
黄海
黄河
上海
長江
下関
門司

1907年生まれで95歳の王徳路さん。国民党の軍人だったが、44年に日本軍に捕えられ、群馬県に連行された。後閑で間組が請け負っていた中島飛行機地下工場建設のトンネル工事に送り込まれた。（現住所は河北省永清県）

1943年春、市場にいてそこが日本兵に包囲され、針金で縛られて連行された劉樹格さん、84歳。群馬県後閑で中島飛行機の地下工場を建設(間組)する作業中、肩に担いだ木が落ちて日本人にぶつかり、怒った日本人に斧で腰を殴られ骨折。(河北省永清県)

河北省易県の山の中腹にある張宝恒さん（79歳）が住む家。張さんは1943年に道を歩いていて突然日本兵につかまり、両手を縛られて連行された。福岡県の三井三池炭鉱で日本の敗戦まで一日も休まず採炭作業をさせられた。

妻を亡くし、今は一人
暮らしをしている張宝
恒さんの家の中。

止停车！

▲1944年2月、出先で日本軍人に銃剣を突きつけられ拉致された屈万栄さん、81歳。北京西苑の収容所を経て天津の塘沽(タングー)港から船で下関へ。群馬県の後閑駅で下ろされ、間組のトンネル掘削現場で重労働。(河北省永清県)

1944年春、村の徴用係から「保定で飛行場を作るので行け」といわれ連行された楊大啓さん、76歳。熊本県の三井三池炭鉱万田坑でトロッコの連結作業。食事が少ないため空腹と重労働で体が衰弱して肺炎に。今も慢性肺炎に苦しむ。(河北省徐水県)▶

↘で「日本のスパイ、売国奴」とののしられた。

屈万栄さんは毎日、夫婦で籠を作っているが、一日３個がやっとという。売値は１個１５元（１元＝約１５円）。屈さんは文化大革命の時代、大勢の人前↗

「八路軍をやっつけるため国民党の大郷隊に入れ」と命令され、連行された。

河北省涞水県にある杜宗仁さん（72歳）の家。1944年4月、14歳の時、村の役人に

杜宗仁さんは福岡県の三井三池炭鉱に送られ、強制労働に。体が小さくて力がなかったので毎日のように殴られた。

国民党の地方軍にいて、1943年11月日本軍に捕えられた馮学譲さん，75歳。北京西苑の収容所に入れられた後下関に送られ、群馬県桃野村（月夜野町）へ。山中に中島飛行機の地下工場を建設する間組の作業で、飯場は冬でも暖房なし。（河北省永清県）

1944年、村全体が日本軍に包囲され、家から引きずり出されて連行された房振宗さん，83歳。石家庄の収容所に入れられた後、北海道の荒井合名株式会社の鉄道建設に。壁に張ってあるのは毛沢東の写真。(河北省正定県)

山東省金郷県で国民党の遊撃隊に入っていた候順年さん（78歳）は、1944年春、日本軍の捕虜になり、北海道の鉄道工業美唄の炭鉱へ連行された。候さんは作業中しばしばびんたをくらって、左の耳が聞こえなくなった。リュウマチも病む。隣は息子。（山東省昌邑県）

1944年5月、「保定で飛行場建設の仕事がある」といわれて行ったところ、日本へ連行された占勤さん(左)、74歳。三井三池炭鉱の宮浦鉱で杭木に鉄を固定する作業に投入された。日本人の監督に仕事を怠けたといっては殴られた。(河北省箋水県)

▲1943年秋、天津へ商売の仕入れに行く途中日本軍に捕えられた楊敬思さん，86歳。北京西苑の収容所に入れられた後、塘沽から下関を経て、群馬県後閑の間組利根川作業所で地下水道掘り。肋骨を２本折るけがをし、指の関節炎を今も患っている。(河北省永清県)

1944年、11歳のとき、「昌平で金になる仕事がある」とだまされて連行された張徳山さん、71歳。家が貧しくて学校にいけなかったから、働くつもりだった。強制連行者の最年少者のひとり。北海道で熊谷組の築堤工事をやらされた。(北京市海淀区)▶

▲1944年秋、15歳のとき、村の役人にだまされて連行された陳秉起さん、74歳。北海道の三井砂川炭鉱で採炭作業。ノルマが達成できないからといって、作業チームの日本人からたびたび暴行を受けた。（河北省昌平区）

◀1944年秋、だまされて昌平に行ったところを捕まえられ、熊谷組の福島、長野の現場を経て北海道へ連行された劉殿福さん、75歳。北海道では野村鉱業置戸鉱業所で水銀の採鉱。3ヵ所の現場で置戸の食事が最もひどかったという。（北京市昌平区）

四单元

1944年春、買物に出かけたとき、銃を持った日本軍の手先に身柄を拘束された張福珍さん、75歳。群馬県の後閑で間組の発電所用水路の掘削作業。大きな石を背負って運ぶ仕事を24時間2交代でやらされた。一日も休みなし。(河北省永清県)

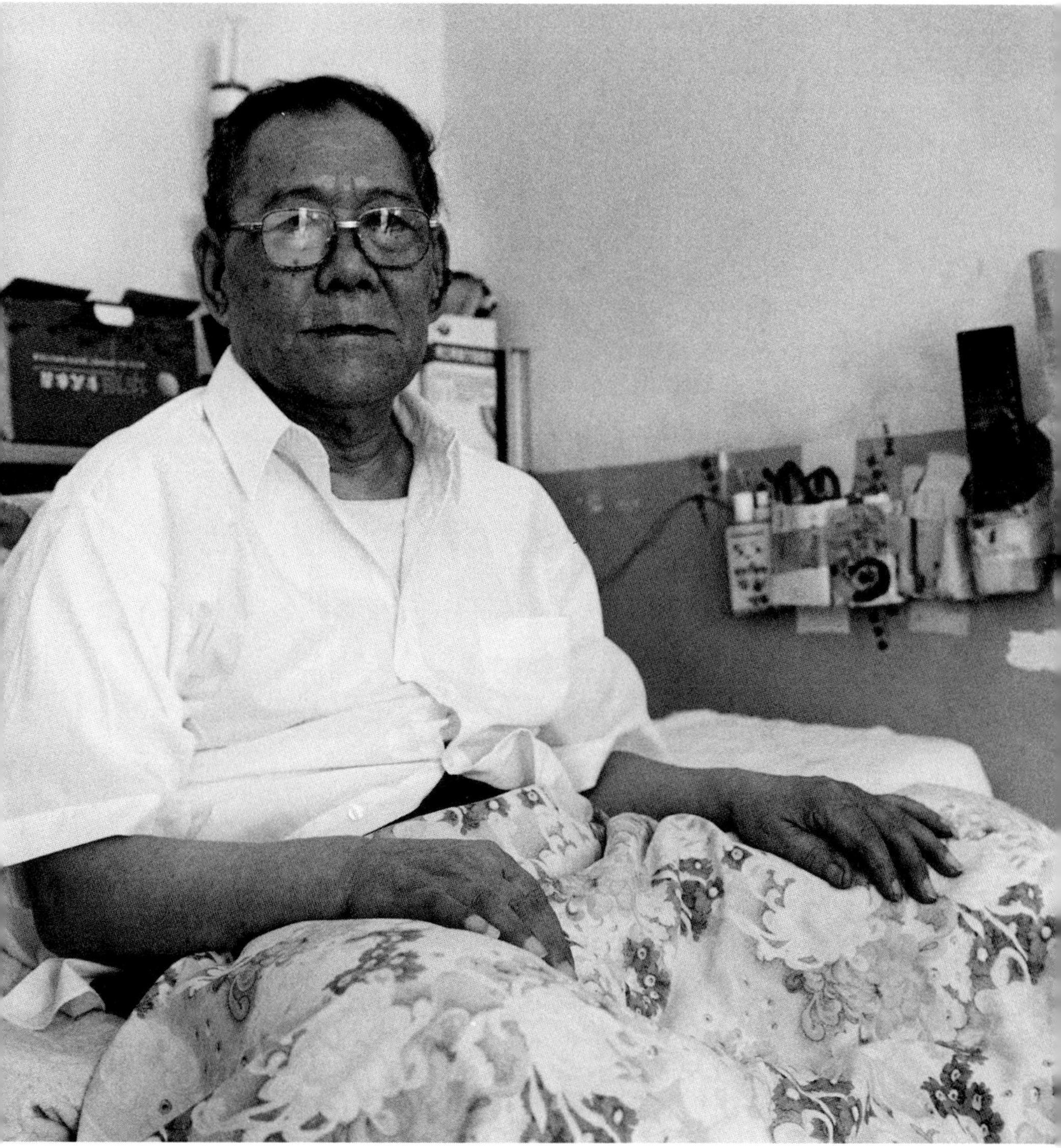

1943年のある朝、河北省東鹿県で銃を持った日本兵が家に押し入り、捕まえられた張建森さん、79歳。辛集鎮の警察局から辛集駅まで、70～80人が縄で縛られて連行された。北海道の三井鉱山芦別炭鉱で採炭。11年前に脳血栓を患い、足が不自由に。（北京市順義県）

↘に負けたあと解放されて帰国。その後朝鮮戦争に義勇軍として参戦、
２千人の隊長をつとめた。（河北省正定県）

1944年4月、畑に出ていて日本兵に拉致され、石家庄の収容所に入れられた李振山さん、76歳。愛媛県の別子銅山に連行された。日本が戦争↗

八路軍にいて日本軍の動きを探っていたが、1943年2月、内通されて逮捕され北海道に送り込まれた張力戔さん、84歳。北海道炭鉱空知天塩で石炭の採掘。仕事は辛かったし食べ物は少なかったが、村人は親切だったと張さんは言う。（河北省永清県）

1944年八路軍の遊撃隊にいて、村が日本兵に包囲され捕えられた韓左之さん、79歳。北京西苑の収容所を経て群馬県の桃野村へ。トンネル工事でズリ(石)の運搬作業中、台車に左ひざをひかれて骨折した。右横は布靴の甲。(河北省永清県)

を象徴する碑（本書カバー）。平安公園の中にある。

河北省の省都石家庄市内にある収容所あとの記念碑。中央の石が強制連行

↘県の後関へ。間組で発電所への導水トンネル掘削作業など。頭には殴られた傷あとがある。（河北省永清県）

1944年春、八路軍の遊撃隊員だった芮慶華さん（78歳）は、日本軍に包囲され、つかまって北京西苑の収容所に入れられた。日本に連行され群馬↗

▲1943年春、カイライ軍の軍人だった張国彦さん（81歳）は日本軍に捕えられ、北京西苑の収容所に入れられた。その後日本に送られ、群馬県の山の中で、日本発送電岩本発電所への導水トンネル掘削の仕事。一日も休みなし。（河北省永清県）

◀1944年3月、12歳で連行された李樹塊さん、71歳。群馬県桃野村（現在の月夜野町）で水力発電所建設のためのトンネル工事（間組）に投入された。仕事は昼夜2交代の12時間労働できつかったが、賃金は全く支給されなかった。背中に見えるのは皮膚がん。（河北省永清県）

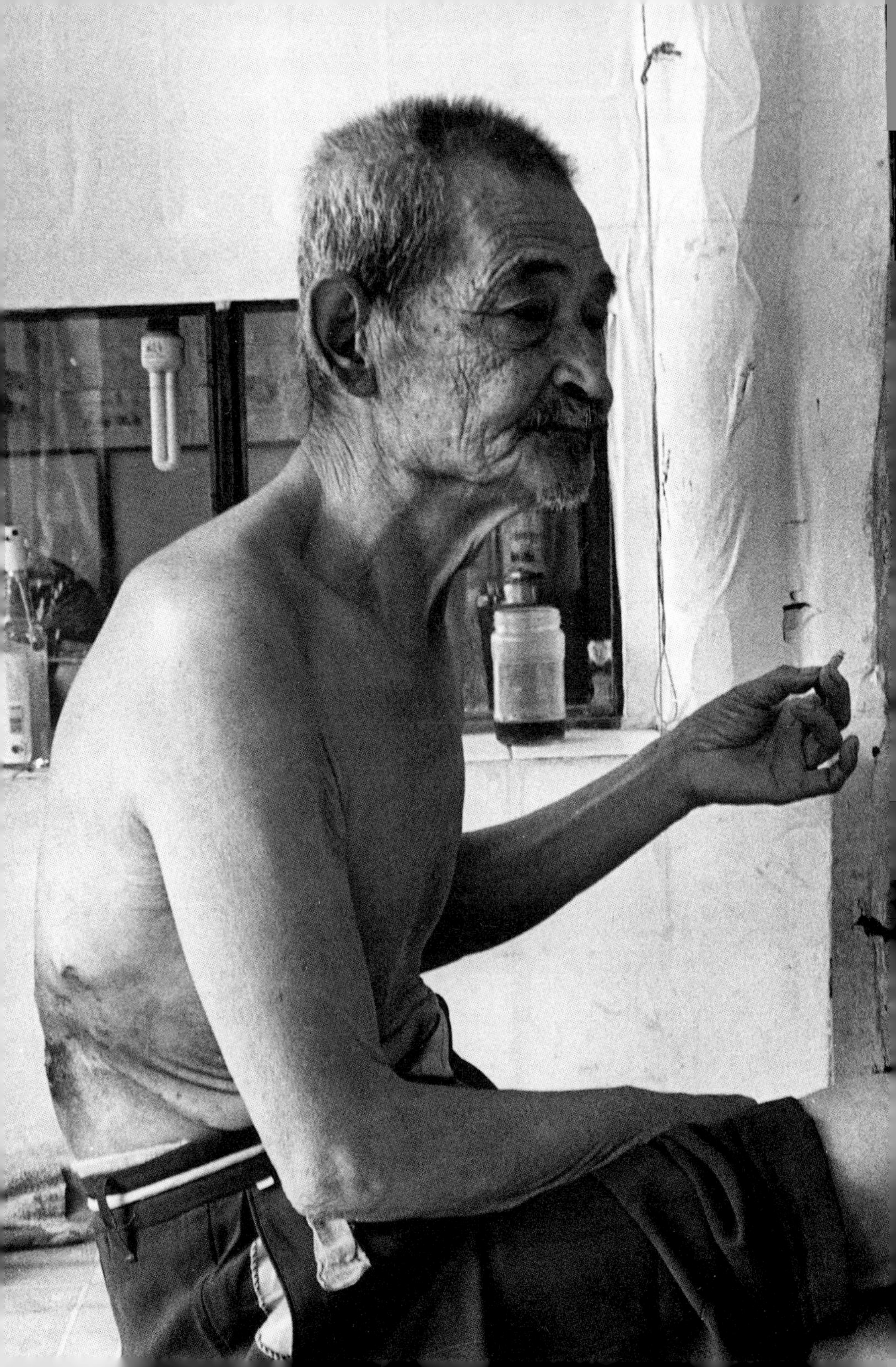

李樹塊さん夫婦

左ページは1944年秋、正定県から石家庄へ行く途中で捕まえられた郝八妮さん、77歳。石家庄の収容所に入れられた後、塘沽から貨物船で海を渡り、北海道の住友赤平炭鉱へ連行された。雪の中で凍傷にかかった足の指が今も痛む。上は新築中の郝八妮さんの家。（河北省石家庄市）

1944年6月、野良で働いているとき連行された李小眼さん、78歳。石家庄から北京西苑の収容所を経て、福岡県の日鉄二瀬潤野炭鉱へ送り込まれた。坑内で日本人監督から「ぐずぐずするな」と頭や背中を殴られた。(河北省正定県)

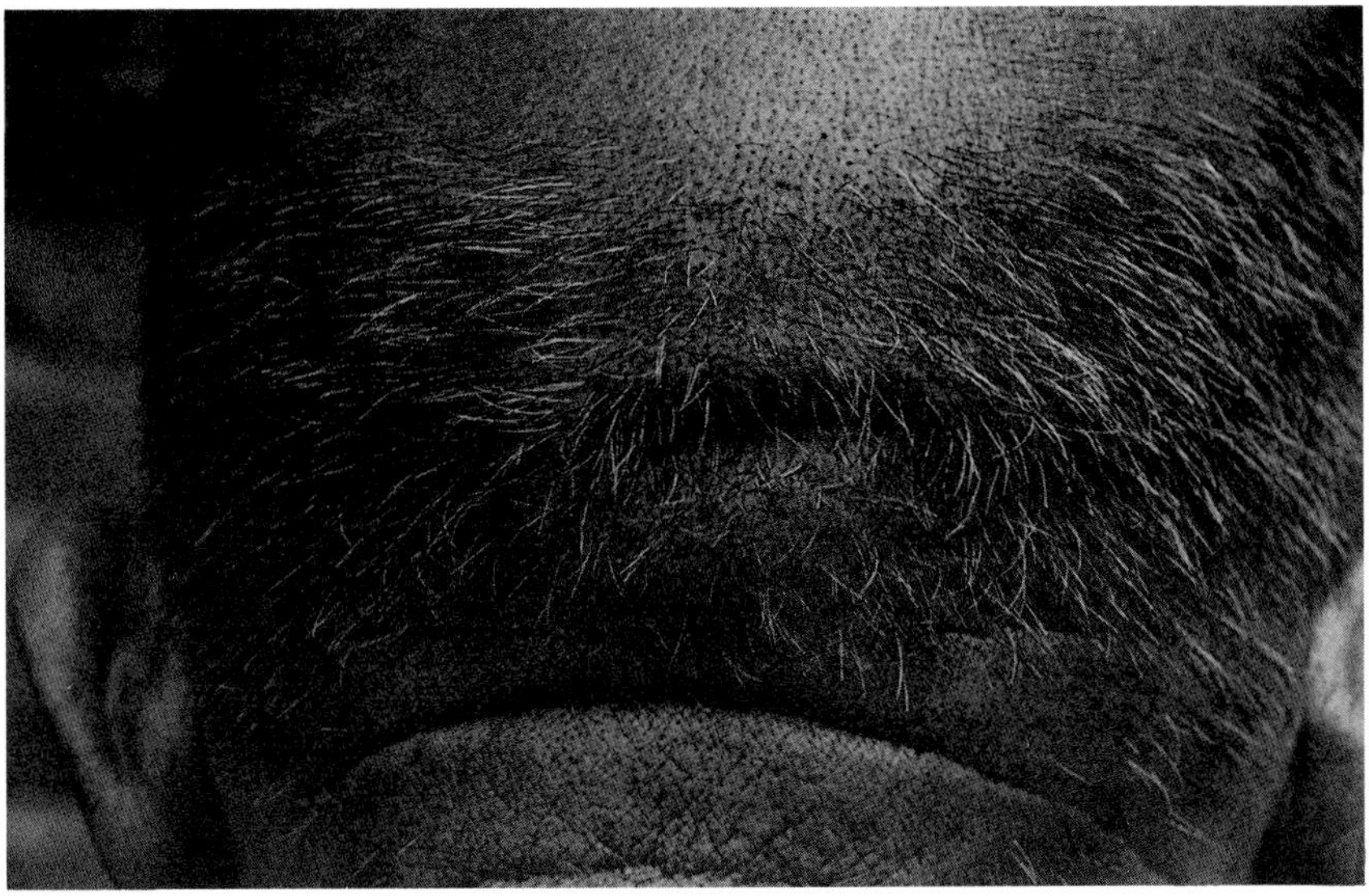

日本人の監督から鉄板で殴られ、頭骸骨が見えるほどの深い傷を負わされた李小眼さんの頭。60年近い歳月を経ても、傷跡は消えない。

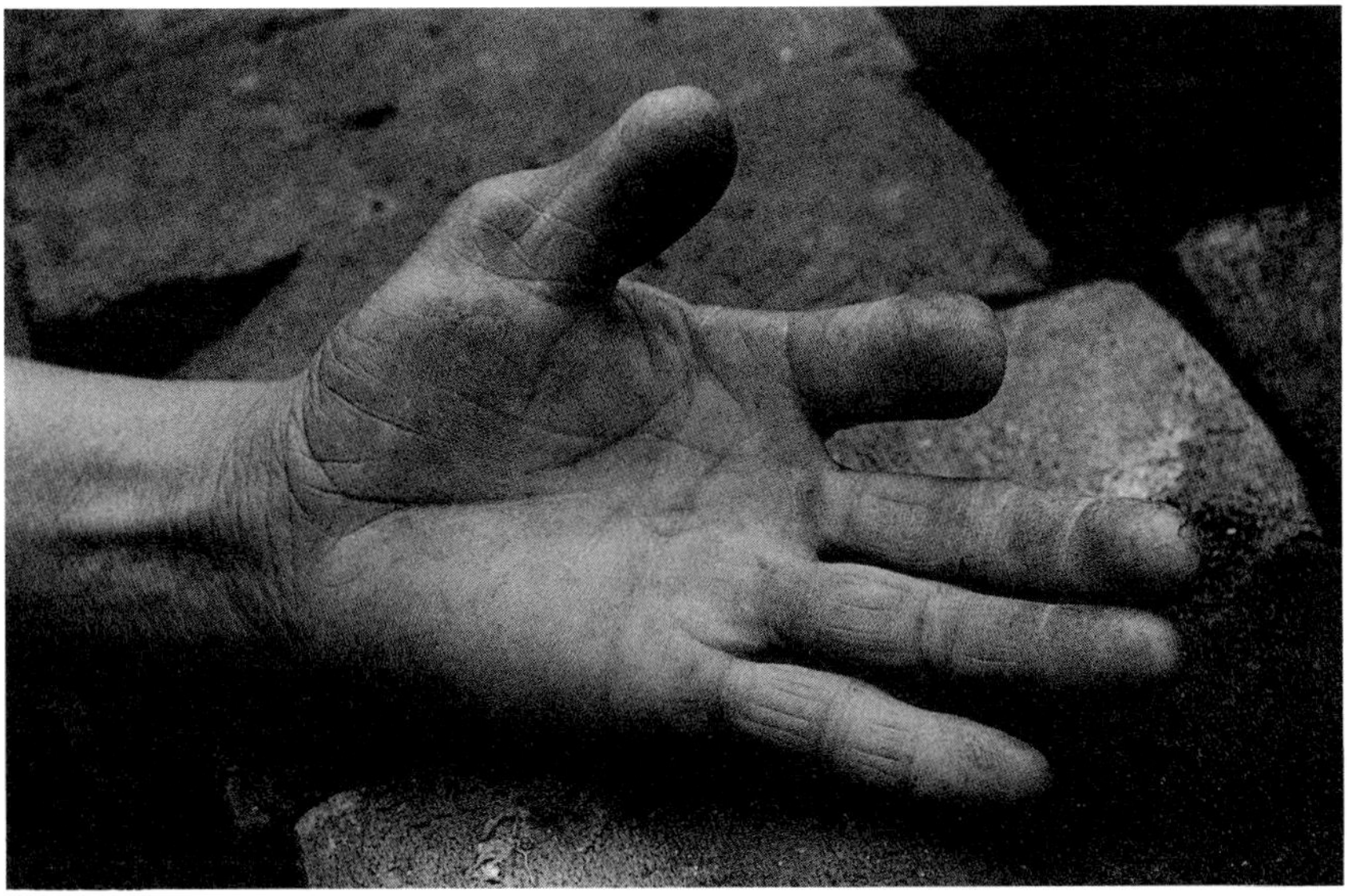

李小眼さんの左手。坑内に仕掛けたダイナマイトで飛んできた石が手にあたり、親指の先と人差し指を失った。治療はうけられず、ただ布で縛っただけだった。

1943年5月、八路軍に食料を運搬する途中日本軍に捕まえられた王墨合さん、80歳。石家庄の収容所から塘沽を経て大阪へ。さらに東京を通過して北海道へ連行された。旭川の先にあった地崎組の東川事業所で土方仕事。（河北省正定県）

日本人の監督に殴られた王墨合さんのひたいの傷。

が、建物の上の窓に「三井」の２文字が見える。

熊本県荒尾市にある三井三池炭鉱万田立坑の入口。今は閉鎖されている

『炭鉱節』の一節に「あんまり煙突が高いので　さぞやお月さん煙たかろ」と歌われた、三井三池炭鉱の煙突。今は煙は出ない。

1944年秋、農作業中にカイライ政権の村役人に連行され、船で石炭の上に寝かされて日本に来た馬徳水さん。三井三池炭鉱で坑内に木を運ぶ仕事をさせられた。坑内作業中、左手の薬指をつぶした。(河北省淶水県)

1944年秋、村役人から「いい働き口がある」といわれ, 兄と一緒に福岡県の三井三池炭鉱へ連行された魯文平さん, 72歳。(北京市海淀区)

魯文平さんは三池炭鉱の坑内で、担いだ坑木の重さに耐え切れず転倒し、上の前歯三本を折った。今もそのまま。賃金は全く支払われなかった。

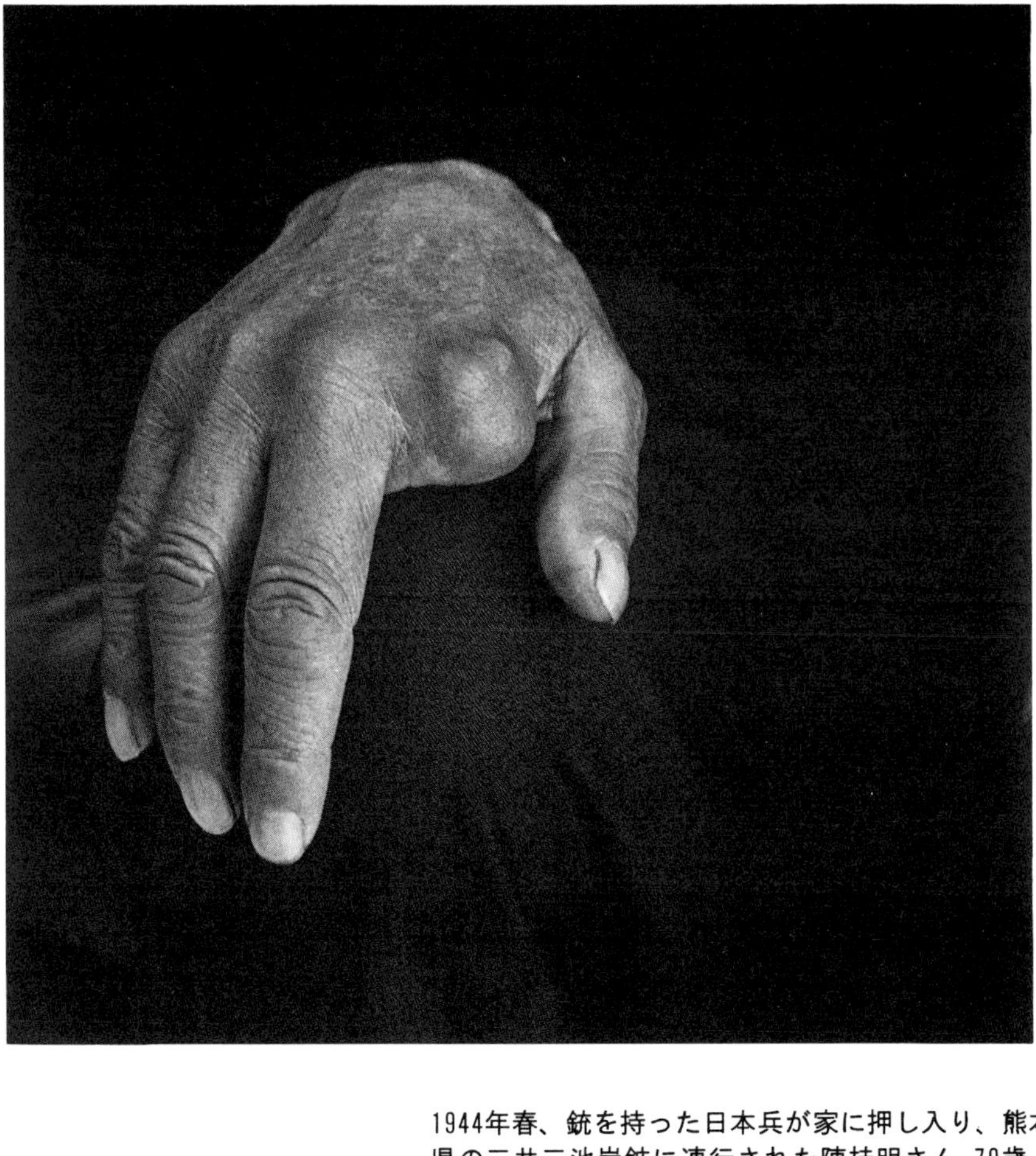

1944年春、銃を持った日本兵が家に押し入り、熊本県の三井三池炭鉱に連行された陳桂明さん、79歳。陳桂明さんは坑内作業中、天井やランプが落ちて下敷きとなり、人差し指が押しつぶされ、切断した。足や背中にも傷跡が残る（河北省徐水県）。

1944年秋、村役人にだまされて連行された路久文さん（79歳）と妻子。福岡県の三井田川炭鉱で炭車をつなぐ仕事。食事は一回に黒いぼそぼその饅頭２個だけ。（北京市海淀区）

▲誰かが日本人の弁当を食べてしまい、近くにいた路さんが耳を殴られ、はれ上がった。今も左の耳がおかしい。

◀79歳になった路久文さんは、遠出をするときは息子が面倒見てくれる。しかし、本人はしっかりしていて、「私を奴隷のようにこき使った責任は、私が死ぬ前にきちんと償ってほしい」と、強く訴えた。

群馬県の上越線後閑駅に近い山中に、第2次大戦末期、海軍の命を受けた間組が、中島飛行機の地下工場建設工事を行なった、トンネルの入口の一つ。

多くの中国人が連行され、強制労働をさせられた、
中島飛行機の地下工場建設現場のトンネル内。周囲
の壁には掘削の跡が残っている。

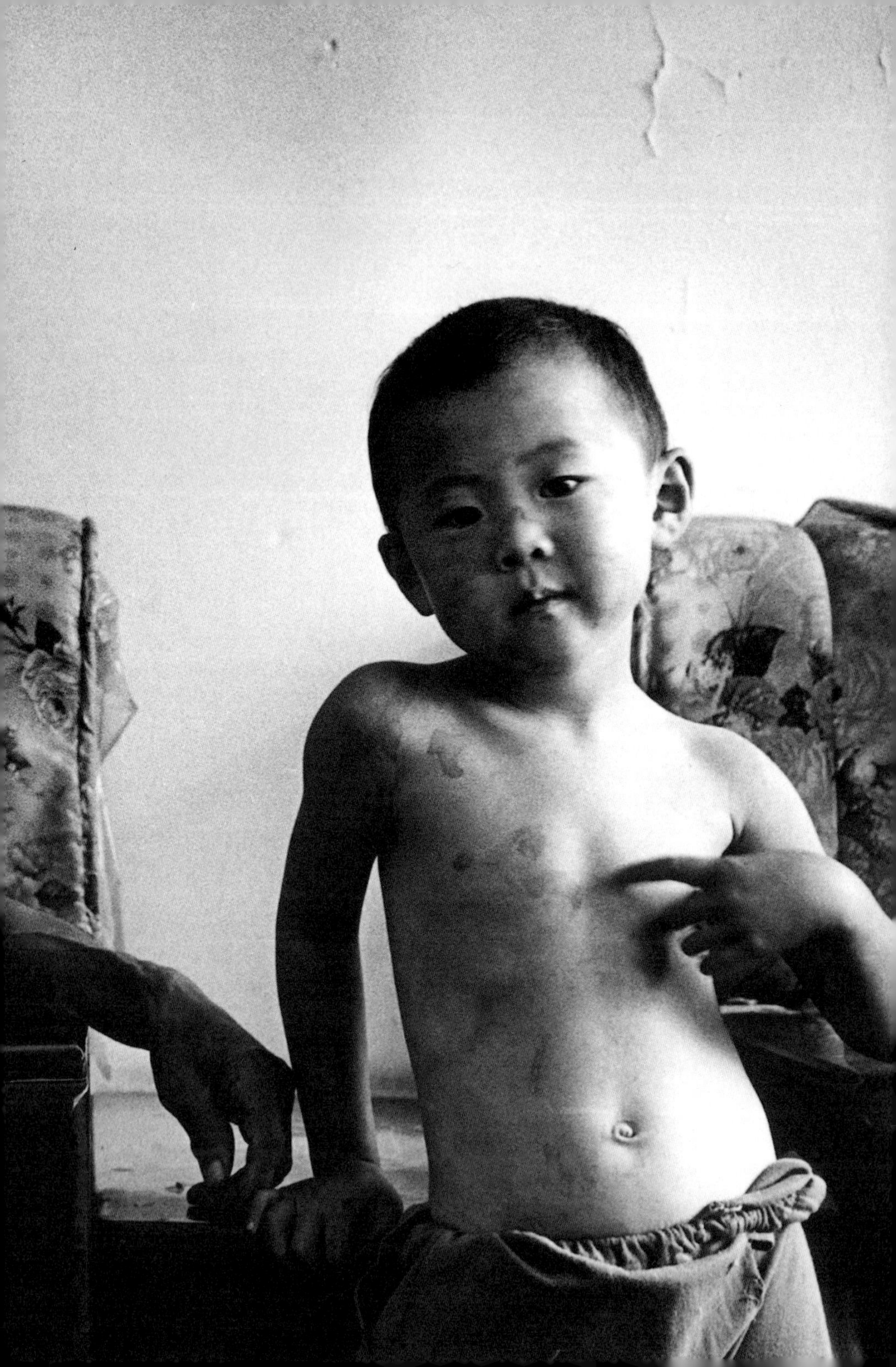

1944年1～2月頃、村にいて「日本兵が来た」と聞いて逃げたが、銃で足を撃たれてつかまった許志安さん、82歳。群馬県の間組の現場で、そのままの体で強制労働に。（河北省永清県）

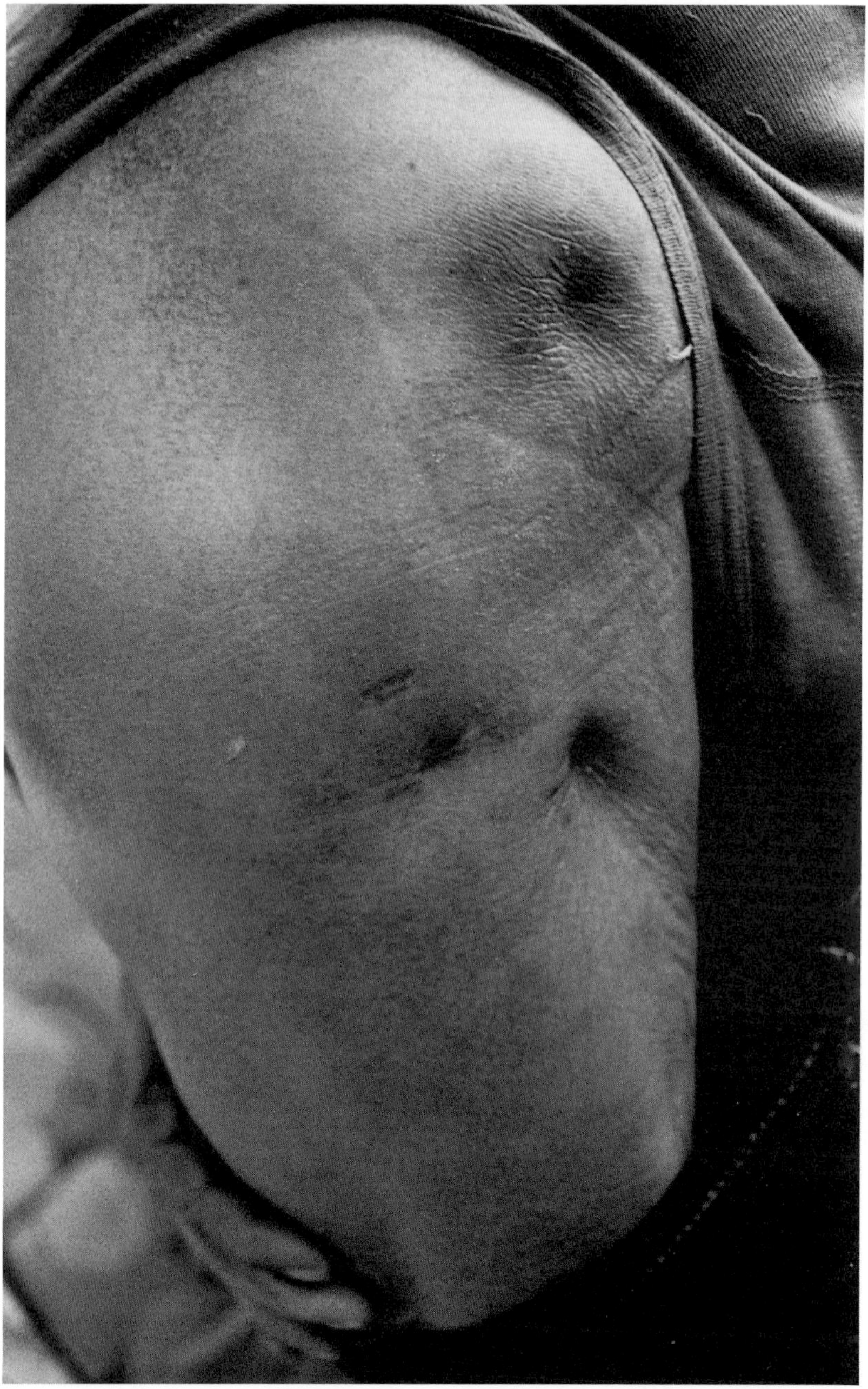

許志安さんは日本が敗戦を迎えた後に、ようやく体内に残った銃弾の摘出手術を受けた。

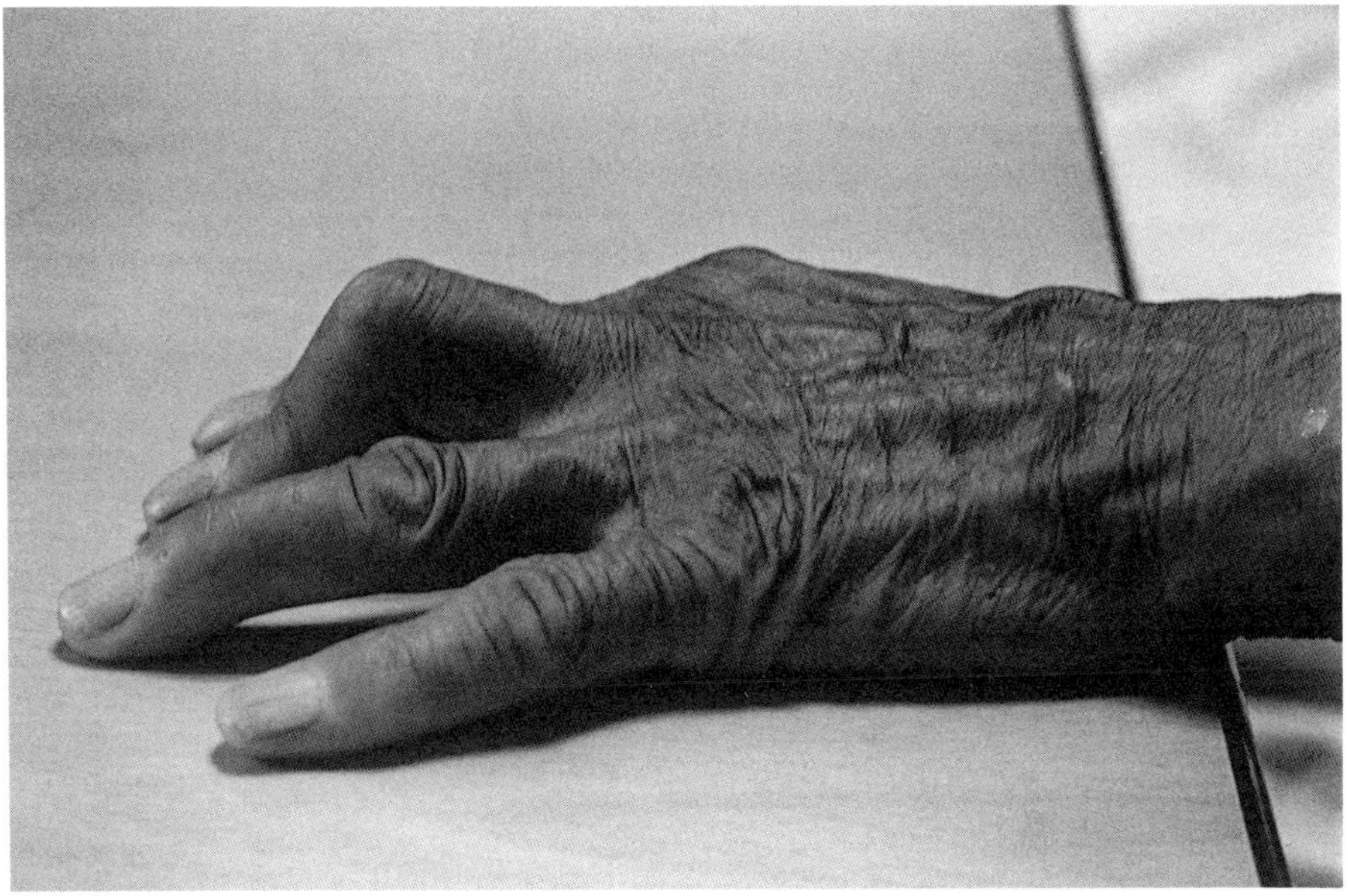

1943年5～6月頃、山西省から長野県に連行された候潤五さんの左手。鹿島組の御岳作業所で、監督の朝鮮人から仕事が遅いと殴りかかられ、よけようとして中指を車輪につっこんだ。今も曲がったままで伸ばせない。（山西省盂県）

↘行機を製造する地下工場建設のためのトンネル掘削工事に、李さんは間組の利根川作業所で強制労働させられた。候さんの左目は連行中の栄養失調が原因で失明。

2002年8月、前橋地方裁判所で原告陳述を行なうため来日した、候潤五さん(右)と李樹明さん(共に80歳)。候さんは長野に連行された後、群馬の鹿島組藪塚出張所で飛↗

1944年秋頃、仕事があってお金が貰えるとだまされて連行された孫徳禄さん、76歳。熊谷組の福島、長野の現場を経て北海道で水銀の鉱石掘り。（北京市昌平区）

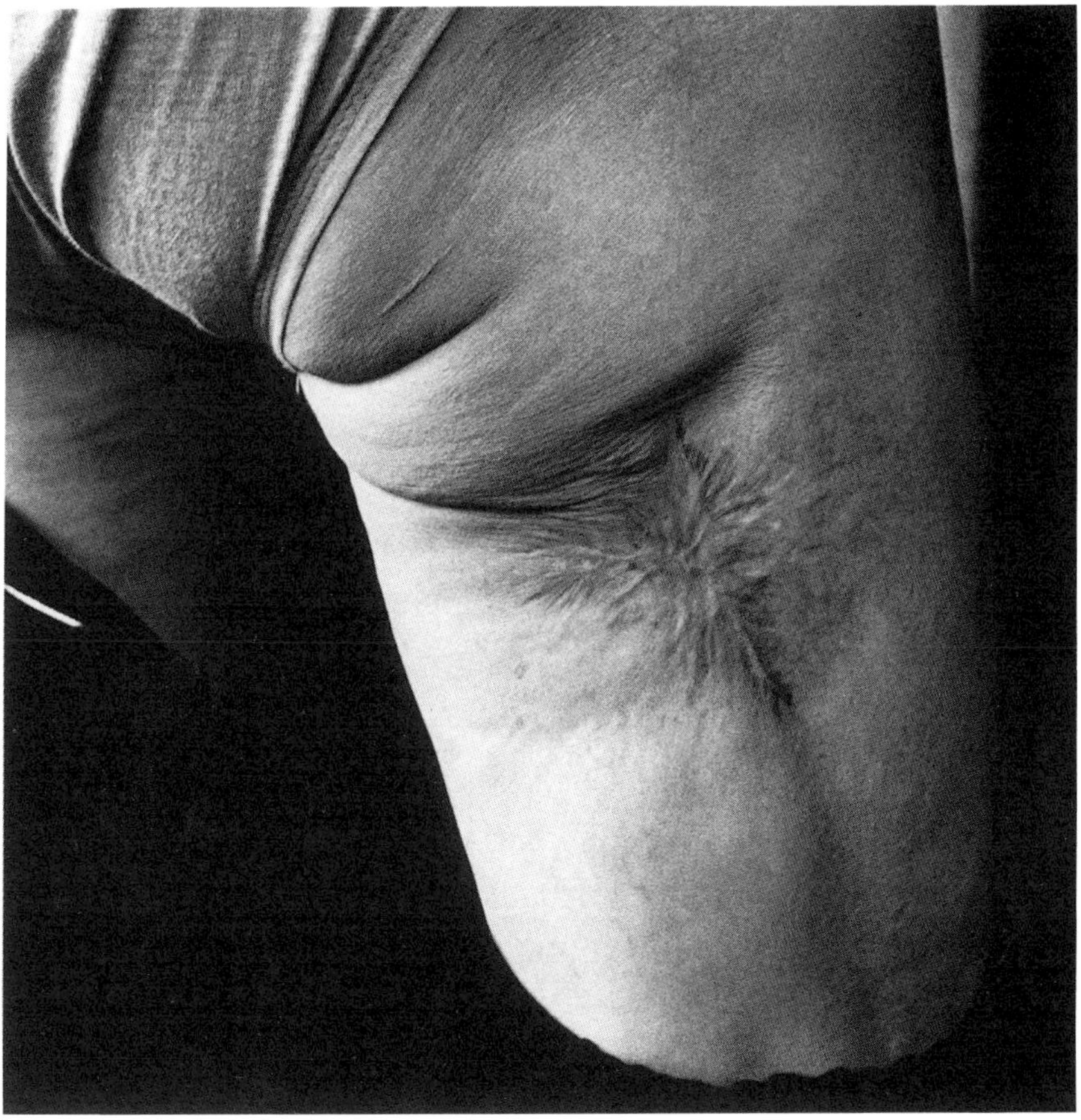

孫徳禄さんの腿。腹が減って我慢できず、畑の小さい大根を盗ったところ、4人ぐらいの日本人に手足を押さえられ、太い木の棒で殴られた跡。一緒に殴られた仲間は死んだ。

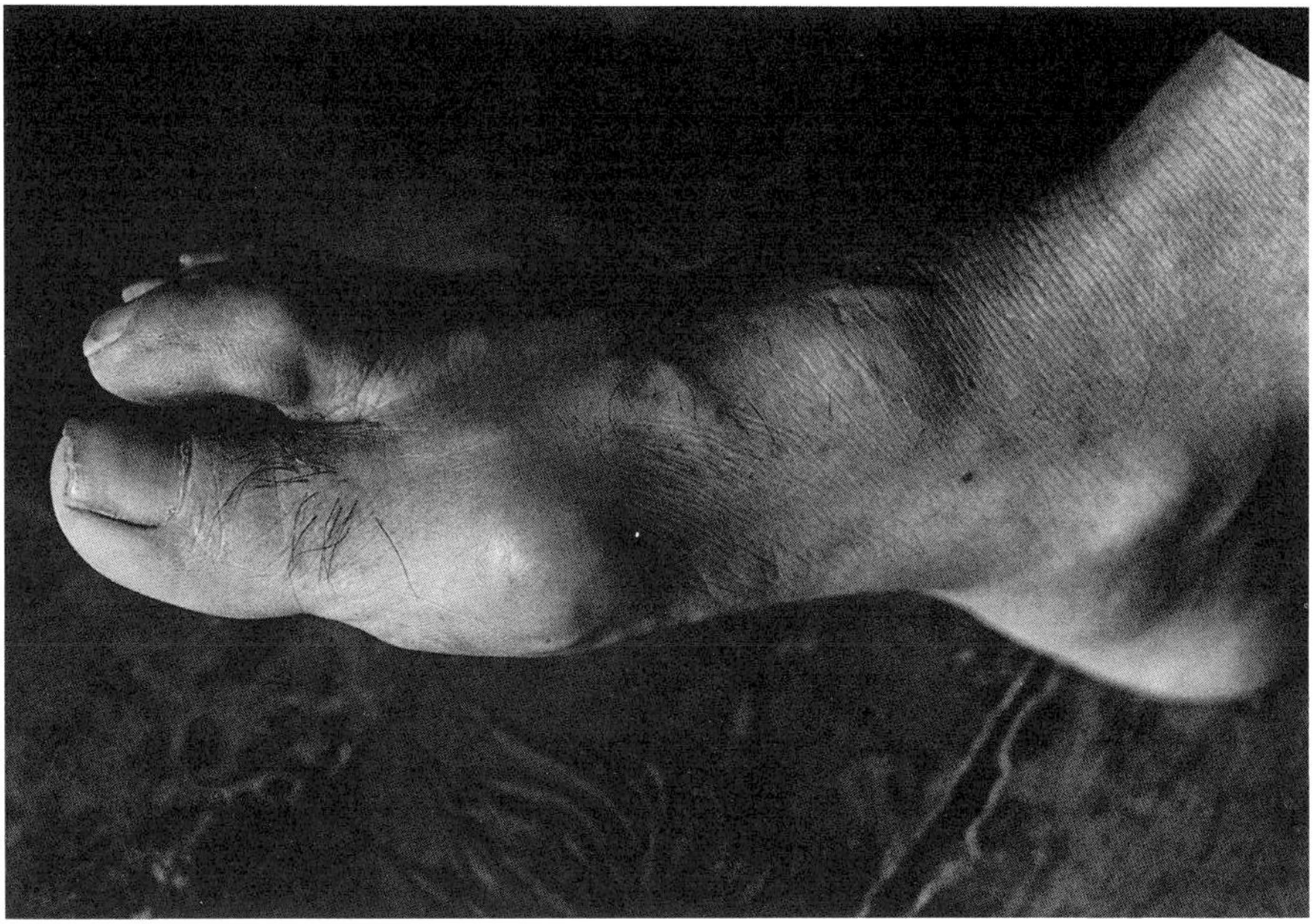

王永義さんの右足

1943年、18歳で連行され、群馬県で間組利根川作業▶所の現場に送り込まれた王永義さん、78歳。利根川作業所でトンネル掘削作業中、落石で足を骨折し、親指の骨が出たままになった。歩くのにも邪魔になる。(河北省永清県)

中國人殉難者慰霊之碑

北海道当別町に建立された劉連仁の碑。劉さんは右手奥の山の中で、13年間の逃亡生活の後、発見された。

群馬県月夜野町如覚寺にある ▶
中国人強制連行犠牲者の碑

1944年秋、18歳の時にだまされて連行された王維忠さん、76歳。天津から貨物船で下関へ送られ、熊谷組の福島、長野の現場を経て北海道で水銀の鉱石掘り。家にはいろいろな置物の他に、獰猛な犬3匹、猫2匹とインコ6羽がいる。（北京市昌平区）

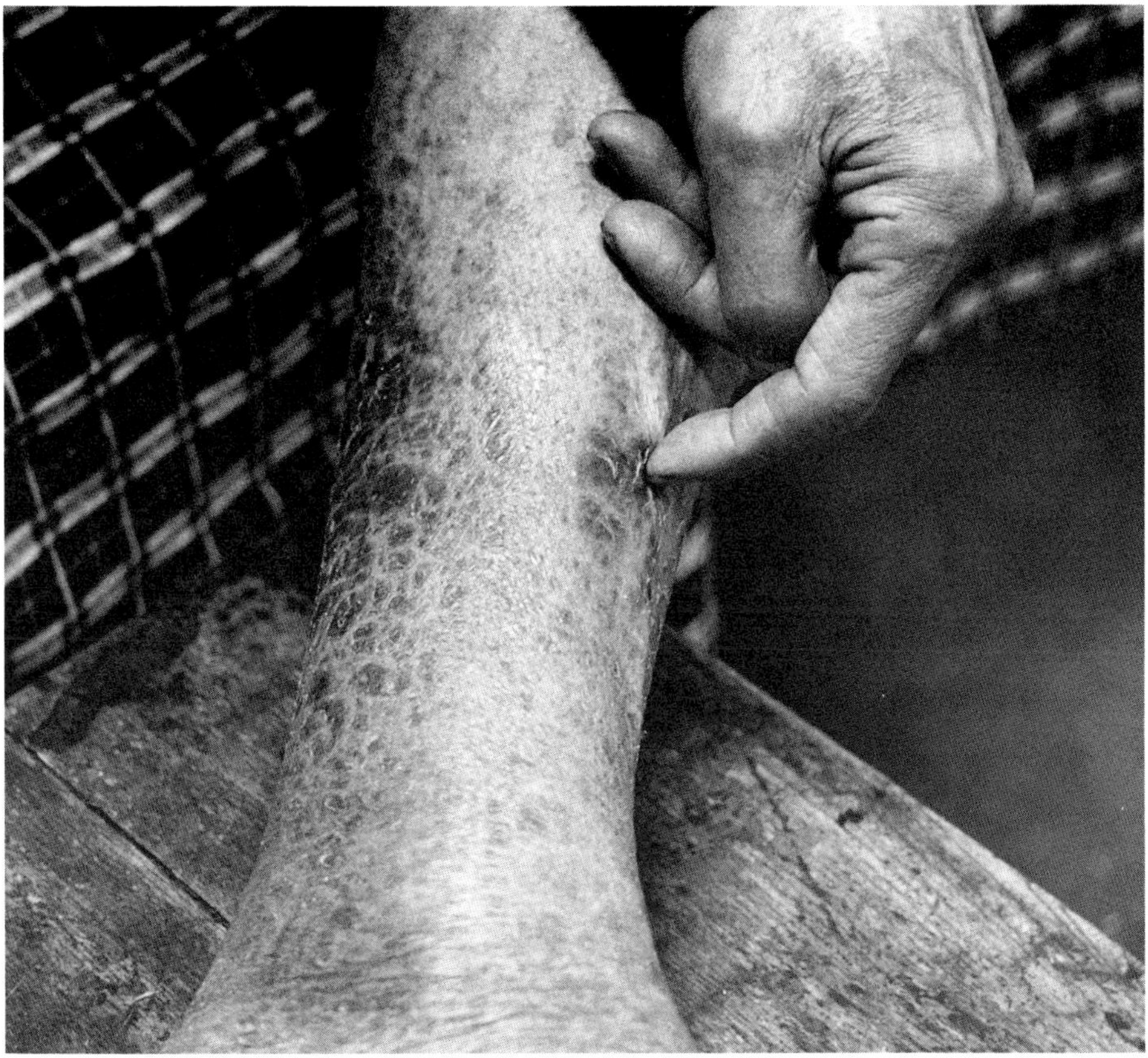

王維忠さんの足には、鉱石を運ぶ台車に出ていたくぎがささった大きな傷と、凍傷の跡がある。

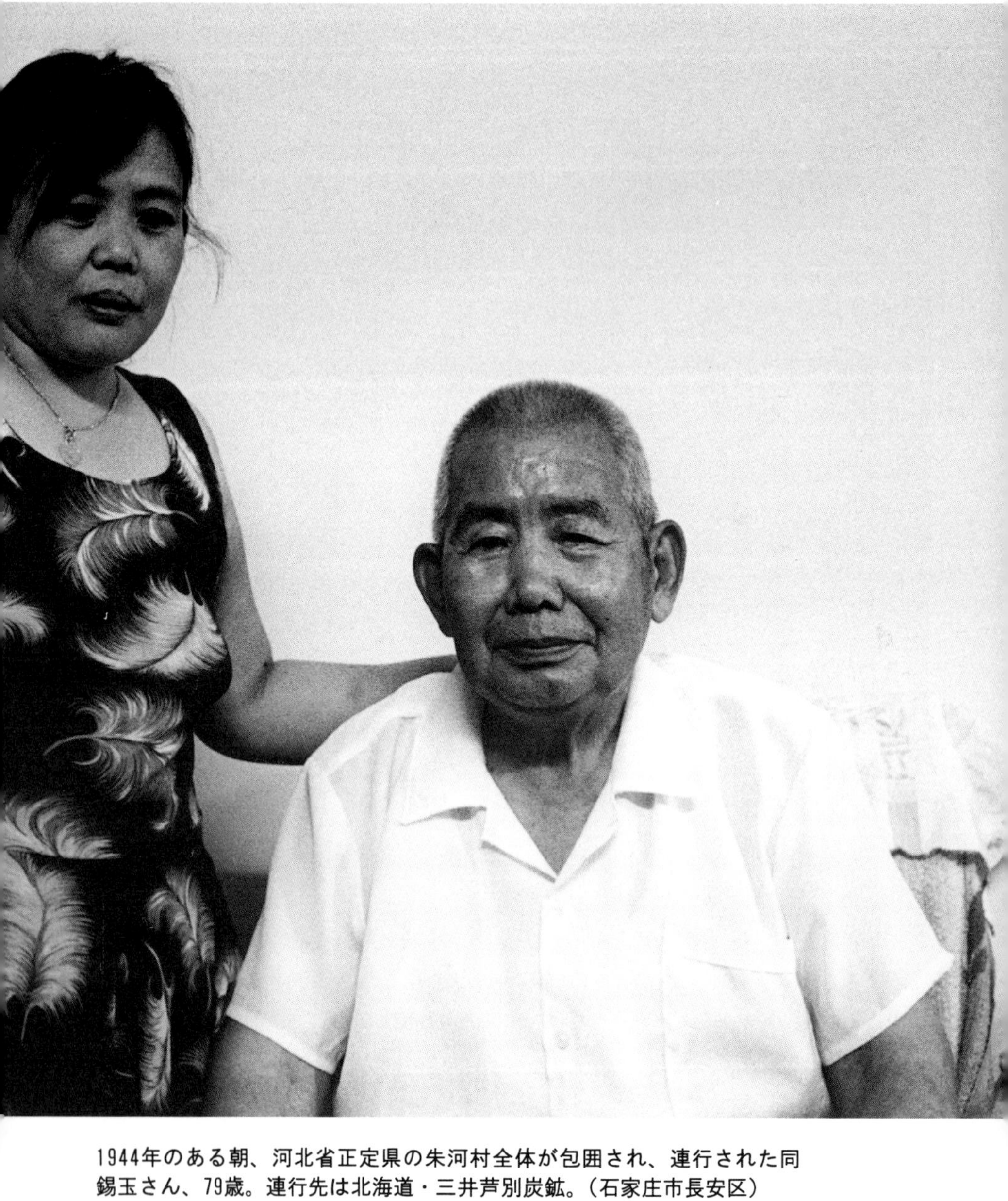

1944年のある朝、河北省正定県の朱河村全体が包囲され、連行された同錫玉さん、79歳。連行先は北海道・三井芦別炭鉱。（石家庄市長安区）

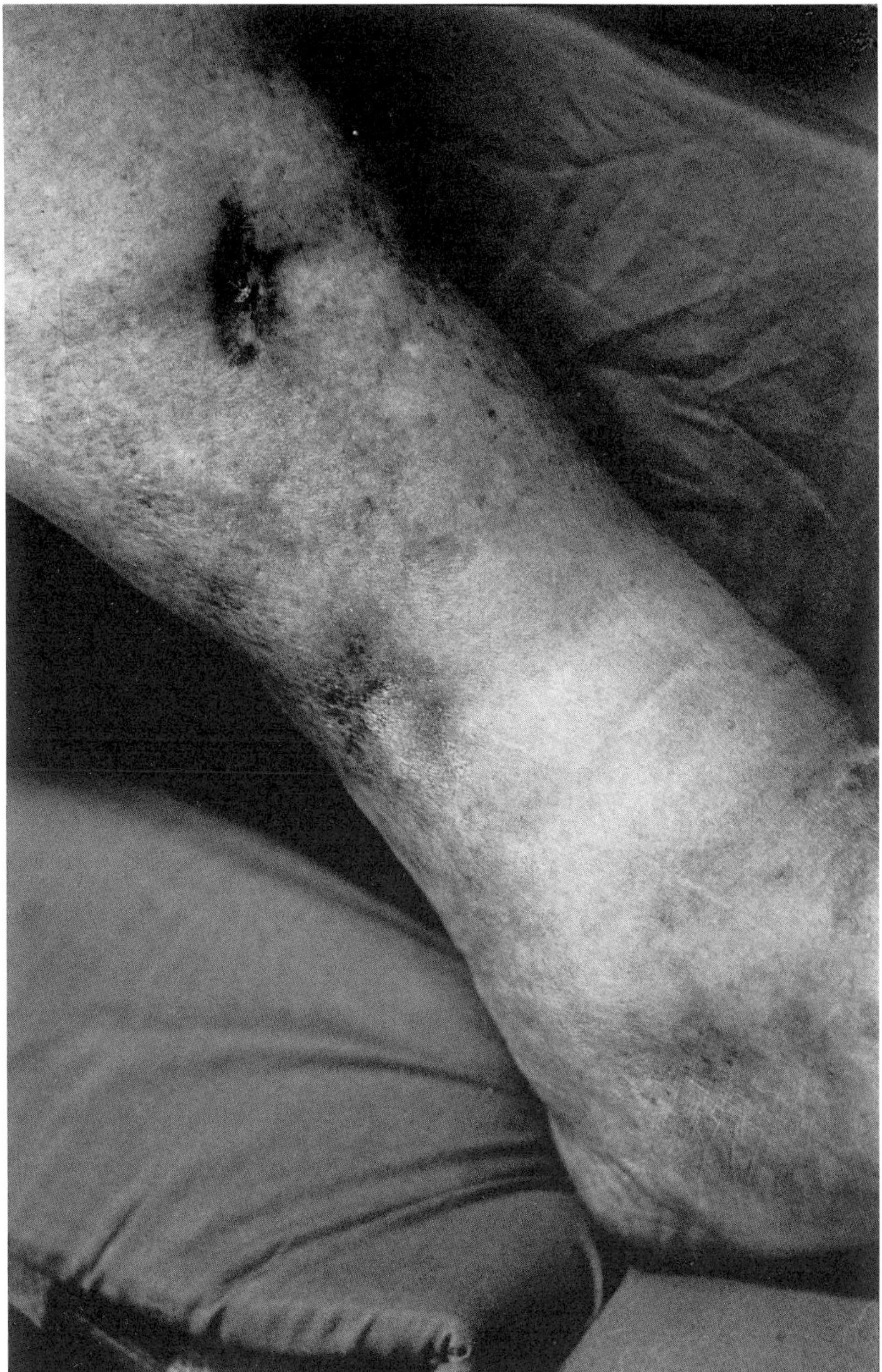

同錫玉さんたちを石家庄から列車で移送の途中、トイレから逃げた人がいて、そのあとトイレに入ろうとしたため日本兵にベルトで殴られた時の傷。頭にも深い傷跡がある。

1944年9月、朝起きてみると、藁城県大慈邑村全体が日本軍に囲まれ、捕まえられた胡麦熟さん、77歳。正定、石家庄、青島を経て長崎県の日鉄北松浦鹿町鉱山へ。今は脳血栓で半身不随の身だ。（河北省藁城県）

胡麦熟さんの額に殴られた跡がある。

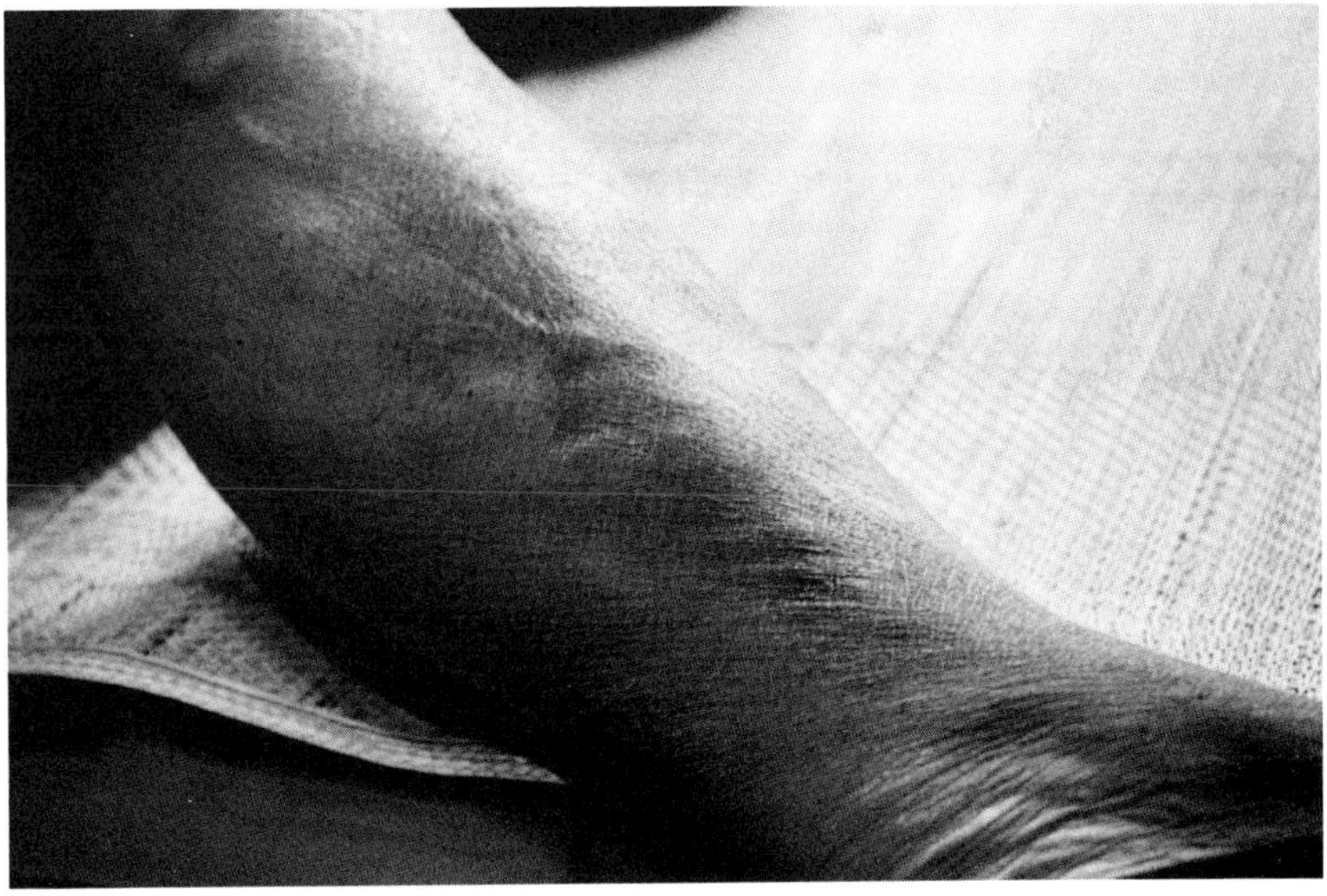

胡麦熟さんの足にも傷跡が。

八路軍に入っていた陳玉川さん（76歳）は、1944年4月、18歳の時、日本軍との戦闘で捕えられ連行された。長野県で大成組の水力発電所建設現場で強制労働。撮影場所は河北省正定県朱河村の敬老院。

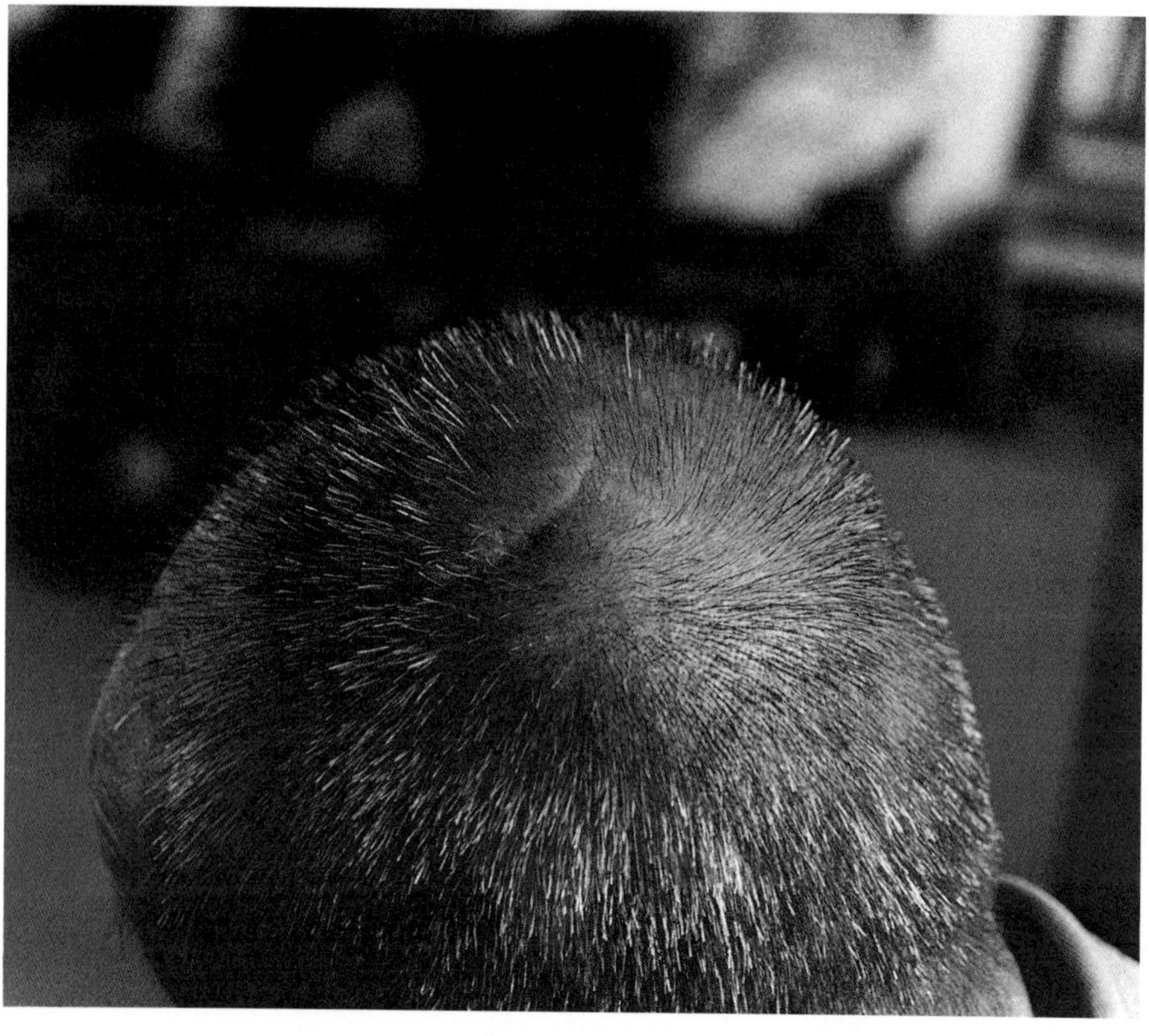

陳玉川さんの頭には、監督に鉄棒で殴られた傷跡が残っている。血がいっぱい出たが、骨は大丈夫だった。

◀ 2002年6月に、北海道の三菱美唄炭鉱に連行された劉玉林さんを訪ねたら、4日前に86歳で亡くなっていた。間に合わなかった。（河北省正定県）

劉玉林さんの祭壇の前で遺族。時計の下に見えるのが本人の写真で、その前にあるのが日本から持ち帰ったゲートルと防寒帽。遺族は「謝罪と補償を勝ちとるまでたたかう」と固い決意を示した。

河北省保定市清苑県にある「冉庄地道戦記念館」の入口。壁には「前事不忘　後事之師」という有名な史記の言葉が記されている。

前事不忘

↘張所でコンクリート用砂利採取の後、北海道で野村鉱業置戸鉱業所の
水銀鉱石掘りの現場に投入された。（北京市海淀区）

1944年秋、14歳の時「仕事がある、働けば金がもらえる」とだまされて
連行された趙宗仁さん（73歳）とその家族。熊谷組の福島、長野の出↗

集まってきたそれぞれの被害者の遺族たち。左から3番目は被害者の陳玉川さん。

河北省正定県朱河村の敬老院で、日本からカメラマンが来るという話を聞いて、

息子の三輪車で移動する盧占龍さん、76歳。1944年5月頃、村の役人から突然「人夫に行け」と命令され、福岡県へ連行された。三井三池炭鉱で採炭作業中,落盤で右手親指をはさまれ手術を受けたが、麻酔なしで大変な痛さだった。(河北省淶水県)

群馬県後閑の間組の現場で、斧で殴られ、大腿骨を骨折した劉樹格さんは、今も杖なしでは歩けない。（河北省永清県）

1944年9月、村の役人から「城壁つくりの仕事、一日35元になる」とだまされて三井田川炭鉱へ連行された鄭振国さん、73歳。10ヵ月間、休みなし。写真は自宅脇の通路で妻と。（北京市海淀区）

50人（敬称略。カッコ内は日本国内の連行先）

芮慶華
（群馬）

王家大
（北海道）

韓左之
（群馬）

鄭振国
（福岡）

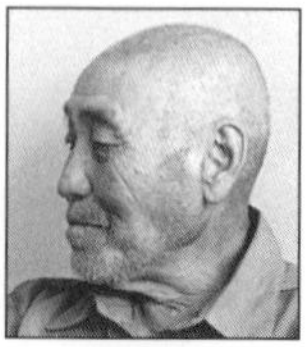

李樹明
（群馬）

劉樹格
（群馬）

張福珍
（群馬）

王徳路
（群馬）

侯潤五
（群馬）

張五奎
（熊本）

劉千
（福岡）

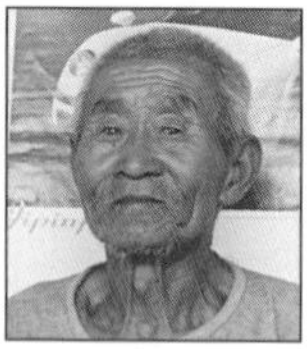

許志安
（群馬）

張徳山
（北海道）

楊敬思
（群馬）

王老體
（北海道）

閻風池
（北海道）

張力戔
（北海道）

魯久文
（福岡）

張双計
（長崎）

李振山
（愛媛）

葉永才
（福岡）

屈万栄
（群馬）

陳乗起
（北海道）

張国彦
（群馬）

魯文平
（福岡）

強制連行の生き証人

杜宗仁
（福岡）

仁有福
（北海道）

胡麦熟
（長崎）

楊大啓
（熊本）

占勤
（福岡）

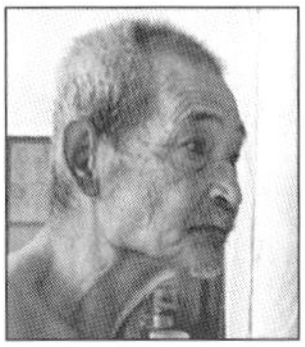
李樹塊
（群馬）

陳玉川
（長野）

劉星祥
（福岡）

馬徳水
（福岡）

房振宗
（北海道）

孫徳禄
（北海道）

王永義
（群馬）

劉殿福
（北海道）

盧占龍
（福岡）

候順年
（北海道）

陳桂明
（熊本）

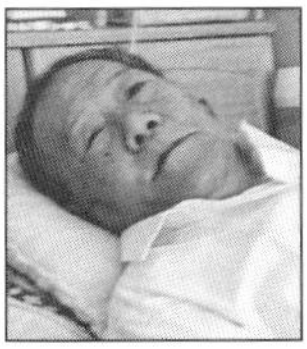
張建森
（北海道）

郝八妮
（北海道）

宗君政
（北海道）

王墨合
（北海道）

馮学譲
（群馬）

李小眼
（福岡）

趙宗仁
（北海道）

高国棟
（熊本）

王維忠
（北海道）

に「満州事変」が引き起こされた。

中国東北の大都市、瀋陽にある９・１８歴史博物館の入口。1931年9月18日

大連市労働公園に立つ「中日友好の桜」

増設された９・１８歴史博物館の入口

中国人強制連行――歴史的事実と証言

1　放置された日本の戦争責任

✣初めての出会い――劉連仁判決

ある日突然、あなたの親・兄弟や息子が何者かに連れ去られ、知らない間に遠い外国に連れ去られたとしたら、あなたは驚き、悲しみ、そして苦しむに違いないでしょう。もしもあなた自身が強制的に連行されるはめになったとしたら――そう考えただけでも、身の毛がよだつ話です。それが拉致《らち》であり、強制連行というものです。今からおよそ六〇年前に、中国大陸を侵略し、支配した日本軍の手で、なんと四万人もの中国人が拉致され、日本各地に連行されて、強制労働をさせられたのです。

私が中国人強制連行の問題に初めてカメラを向けたのは、二〇〇一年七月一二日のことでした。たまたまある友人から、この日に「劉連仁事件」の判決があると聞き、東京地方裁判所の門前に駆けつけたのが最初の出会いです。これは、太平洋戦争中に、中国山東省の自宅前で突然拘束され、北海道の炭鉱に強制連行された劉連仁さんの事件です。

劉さんは一九四五年七月に逃亡し、その一カ月後に日本が戦争に負けたのも知らずに、一三年間も北海道の山の中に隠れていました。五八年に地元の人に発見されたのですが、これについて日本政府からは、ひとことの謝罪の言葉もありませんでした。中国に帰国し、その後九六年に日本国を相手に謝罪と補償を求めて提訴した、その事件の判決がこの日だったのです。

裁判所は被告（日本国）に対し、戦後一三年間の保護義務違反を理由として、二〇〇〇万円の損害賠償請求全額の支払いを命じる判決をくだしました。当日、裁判所前で撮った写真を見てください。この日を待ちきれずに前年に亡くなった父・劉連仁の遺影を手に持っているのが、長男の劉煥新さんです。原告勝訴の画期的な判決は、新聞各紙が一面トップで取り上げ、テレビでも放映されました。国が控訴したため、舞台は高裁に移りましたが、この日を起点にして、遅ればせながら私もこの問題に取り組むことを思い立ったのです。

まず始めたのは、強制連行そのものについての勉強からでした。

「中国人強制連行」といっても、一般にはあまり知られていないのではないでしょうか。太平洋戦争を経験した年配者なら、多少イメージがわくかもしれませんが、戦後生まれの人、とくに若い世代にとっては、そんなことがあったのか、といった程度の感覚でうけとめる人が少なくないようです。数年前までは、学校の教科書にも全く出ていなかったのですから、若い人たちが知らないのも無理ない話です。

最近になって、ようやく中学・高校の歴史教科書に出てくるようになりましたが、これは文部科学省もその事実を認めざるを得なくなったということでしょう。しかし、教科書の記述自体、出版

戦後13年間、山から山への逃亡生活を続けた強制連行の被害者、劉連仁裁判の東京地裁判決。2001年7月12日。遺影を持つのは息子の劉煥新さん。

社によって大きな違いがあり、強制連行や戦後補償に一項を設けて詳しく書いているものもあれば、わずか数行にとどまる教科書もあるというように、まちまちです。学校によって採用する教科書が違えば、教え方も違うのです。

要するにこれまで多くの教育現場で、そのことをまともに教えていないというだけでなく、マスコミが系統的に報道してこなかったことも影響していると思います。だいたい日本の政治姿勢が、きちんと過去を清算して、二度と同じ過ちを繰り返さないという、しっかりした立場に立っていないことが問題です。

ともあれ、ことが起こったのは六〇年も前の話です。大昔のことといってもいいでしょう。問題はそんな昔の出来事が、いまだに未処理・未解決のままにされていることです。そしていま、当時日本に連れてこられた中国人被害者が日本の政府と企業に謝罪と補償を求めて、日本各地で裁判を

原告に裁判の状況を説明する福岡訴訟の弁護団。

繰り広げているのです。決して古い話といって聞き流せない、まさに今日の問題です。

私は長年労働関係の雑誌記者をやっていた関係で、この問題について以前から関心を持っていました。中国帰国者を招いた座談会で、日本が戦争中に中国でどんなにひどいことを行なったか、直接話を聞く機会もありました。しかし、定年になって、もっぱら写真に打ち込むようになってからは、『フィリピン残留日系人』と『韓国のヒロシマ』(被爆者)という二つのテーマを追いかけていたために、なかなかこの課題に取り掛かることができないでいたのです。

考えてみれば、自称「定年カメラマン」の私がこれまでカメラを向けたのは、日本が戦後に自らの戦争責任を果たしていない、どれも未解決のまま残されている問題でした。ある意味では重い、陽の当たらない部分ばかりを見てきたといってもいいかもしれません。偶然の出会いもありました

三井鉱山田川鉱業所の「華人労務者就労顛末報告書」を手渡す、福岡の松岡肇弁護士。左が北京の康健弁護士。

が、いずれの場合も自分の心の中に、何か突き上げてくるものがあったことは事実です。今回の強制連行についても、あと何年生きられるかわからない、人生の晩年を迎えたこの被害者たちを、今撮っておかなければ間に合わないという差し迫った気持ちで、中国現地に足を向けたのです。

✣福岡訴訟弁護団の訪中に同行して

二〇〇二年三月、中国人強制連行の福岡訴訟で原告の弁護にあたる弁護団と支援者の訪中に、私は同行させてもらいました。この中国訪問の目的は、四月に迫った福岡地裁の判決を前にして原告一五名に裁判の現状を報告し、その後に備えてさらに細かい打ち合わせをすることです。一行と北京空港で落ち合ったあと、マイクロバスで市内に向かいました。

途中、道路わきに中高層マンションが林立しているところが、数年前まではりんご畑だったと聞いて、この街の変化の激しさが実感できました。夕闇が迫る北京市の中心部に入ると、バスの窓からまばゆいばかりのイルミネーションの光が飛び込んできて、思わず声を上げそうになりました。北京駅などは、金色に輝いています。すばらしい高層ビルが立ち並び、立体的な高速道路網を見るにつけても、まさに近代的な大都市に来た感を深くしたものです。

初日は、中国で強制連行事件に深く関わっている、康健弁護士が主宰する北京市方元律師（律師は弁護士のこと）事務所で、来てもらった六人の原告との打ち合わせです。日本から来た弁護士が裁判の状況を説明すると、原告はみな、子や孫の代まで、最後までたたかう決意を表明しました。そのあと一人ひとりから、ビデオを撮りながら、強制連行にまつわる一部始終を聞き取る作業です。すでに福岡地裁に提出済みの証言を見ながら、重要なポイントを確認していきます。通訳を交えての聞き取りですから時間がかかりますが、あらためて、こうした裁判をすすめることの大変さを感じました。

翌日から、別の原告が住んでいる河北省と北京郊外の現地に直接出向いて、同じ作業を行なっていきました。カメラマンの立場からすると、やはり北京市内の事務所に来てもらうのと、実際の居住地へ行って撮るのとでは、イメージが違います。田舎に行ってはじめて、よく言われる都市と農村の格差や、近代的なアパート・マンションとレンガづくりの家との違いが実感できるからです。

福岡訴訟の原告一五名が日本で連行された先は、九州の三井三池炭鉱でした。今は全員が七〇歳を越え、八〇歳を過ぎた人もいます。中には聞き取りを行なう仲間の家に来るのに、病気がちなため、息子にリヤカーで連れてきてもらった人もいました。高齢にもかかわらずほとんどの原告が、六〇年前の辛い日々のことをはっきり覚えていることが印象的でした。もうひとつ驚いたのは、ほとんどの被害者が、体のどこかに大小さまざまな傷を負っていることです。

傷は労働災害の場合もありますが、大半は日本人の監督から殴られ、暴力をふるわれた結果です。頭や顔から、背中や腿《もも》、手足と指先まで、いたるところに傷あとが残っているのです。私自身、日本人の一人として、その傷あとにカメラを向けるたびに、ためらい、申し訳ないという気持ちでシャッターを押したものでした。しかし、こうした生き証人が健在なうちに撮らなければ、この人たちが受けた苦しみを記録に残せない、この傷こそ何よりの証拠だと自分に言い聞かせて、撮影を続けました。

福岡訴訟の弁護団に同行させてもらったおかげで、日本と中国双方の弁護士が密接に連携しあって仕事を進めていることを、初めて知りました。最後に行なわれた両者の会合の場で、中国の弁護士側から、中国一五〇カ所の法律事務所八六〇名の弁護士が署名した福岡訴訟支援の署名がおくられました。こうした国際署名は、これまでになかったことだそうです。日本の弁護団からは、三井三池炭鉱で強制労働させられた二、三七一人の名簿を手渡しました。このような日中の協力関係があればこそ、六〇年前の昔の事件にもかかわらず、被害者たちが裁判に立ち上がることができたのだと思います。

さらに興味深く感じたのは、中国のマスコミがたいそう熱心に取材を続けていたことです。山東テレビと中国新聞が福岡弁護団に同行し、密着取材をしていました。北京青年報の記者からは、北京から連行された一、〇二七人の名簿を新聞に見開きで掲載したところ、生存者や遺族から続々反響があったことが報告されました。聞くところによれば、〇一年七月の劉連仁判決以来、中国のマスコミは、強制連行だけでなく「慰安婦」など戦

2002年4月26日、三井鉱山に損害賠償を命じた福岡地裁の勝利判決。しかし、国の責任を認めない判決に、2人の原告の表情は複雑だ。左が張五奎さん、隣が杜宗仁さん。

後補償に関わる全般の問題について、報道にたいへん力を入れているということです。

✣画期的な福岡地裁判決の波紋

二〇〇二年四月二六日、注目された福岡地裁の判決が出ました。この判決は、強制連行の事実を認めただけでなく、それを「国と三井鉱山が共同して計画・実行した不法行為」と認定した画期的なものでした。一連の裁判で、企業の責任を真正面から認めたのは、初めてです。その上で三井鉱山に対して、原告一人当たり一、一〇〇万円、総額一億六、五〇〇万円の損害賠償を命じました。

判決は、「被告会社の行為は、戦時下における労働力不足を補うために、被告国と共同して、詐言、脅迫および暴力を用いて強制連行を行ない、過酷な待遇の下で本件強制労働を実施したものであって、その態様は非常に悪質である」と断じました。さらに注目されるのは次の指摘です。

「会社は原告らに労働の対価を支払わず、十分な食事を支給していなかったにもかかわらず、本件強制労働の実施による損失補償として、国から七七四万五、二〇六円を受け取っており、これは現在の貨幣価値に換算すると数十億円にも相当する。会社は強制連行および強制労働により、戦時中に多くの利益を得たと考えられる上、戦後においても利益を得ている」と判決は断定しました。これは三井鉱山だけでなく、約四万人の強制連行・強制労働を行なった、すべての企業に共通して言えることなのです。

要するに、強制連行は国と企業が共同して行なった不法行為であって、きわめて悪質なだけでなく、さらに戦後、国から企業が損失補償の名目で大金をもらい受けたことまで、法廷の場で明らかにされたのです。二〇年たてば賠償請求権が消滅するという、民法の「除斥期間」適用も排除されました。

しかし結論として、共同行為の一翼を担った国の責任を免除した点には問題が残りました。「国家無答責」、つまり戦前の明治憲法下では、国の権力作用で個人の損害が発生しても国に賠償責任はないとされていたとして、国の責任は問われなかったのです。この問題は引き続き、福岡高裁の場で審理が進められています。

この日、五〇数年ぶりに日本に来て、直接法廷で判決を聞いた原告の張五奎さんは「胸のつかえが下りた」と喜びを語りました。「国へ帰ったら、村の四千人にこのことを伝えたい」とも言いました。日本に連行された被害者の中には〝敵国に奉仕した〟と思われていた人もいましたから、今回の判決はそうした被害者たちにとって、本人の名誉回復と、人間としての尊厳とアイデンティティーを取り戻すことにつながっているのです。

一緒に来たもう一人の杜宗仁さんは、三井鉱山に対する勝利に喜びながらも「あれだけ事実を認めながら、国に責任がないというのはおかしい。私たちが求めているのは誠意ある謝罪です」と険しい表情で語りました。

劉連仁判決に続く福岡判決の結果は、大きく報道されました。しかしいつものことながら、日本のマスコミの扱いは、ほとんどその日限りのニュースで終わりです。それに対して中国のテレビや新聞は、力の入れ方が違います。山東テレビは来日した二人の原告に同行取材し、中国メディアでは初めて裁判所の許可を得て、判決の日の頭撮り(開廷冒頭の撮影)も行ないました。山東テレビの放映は衛星放送で、山東省だけでなく中国全土に流れました。

二人の原告が裁判を終えて帰国すると、待ち構えていたマスコミ各社からの取材に追われて、村中の話題になりました。康健弁護士の方元律師事務所には、連日、被害者や遺族からたくさんの電話がかかり、裁判に加わりたいという問い合わせがひっきりなしだったということです。

✣農村取材でのハプニング

〇二年の六月から七月にかけて、華北の農村地帯に住む被害者の撮影に向かいました。単独で、通訳と一緒に一軒一軒回っての撮影です。被害者にどこかに集まってもらうのは便利ですが、そうするとみんなが「年寄りの制服」などといわれる人民服(中山服)を着てくるので、よそ行きの写真になってしまうので困ります。ここは大変でも、一人ひとり訪ね歩いた方が、ありのままの姿を撮ることができると思ったのです。この取材では、日本の中国人強制連行裁判弁護団の幹事長、小野寺利孝弁護士の紹介で、中国の方元律師事務所にお世話になりました。

華やかな大都会の北京市内から、車で一～二時間も走れば、周囲の風景が一変します。広大な大地を行く道の両側には、乾燥に強いポプラや柳が

ぬかるみで立ち往生し、地元の人に道を聞く運転手。（河北省正定県）

植えられています。雨が少ないこの一帯では、黄砂が吹き荒れるほど土地が乾燥するからです。

ところが、たまたまこの年は異常気象で、夏までに豪雨による死傷者が全国で八百人も出たそうです。行く先々で大雨が降り、田舎道で車が立ち往生したのには、参りました。途中で車を降り、重い写真機材を担いで、かなりの道を歩くことも何回かありました。泥道に車輪をとられて車が走れなくなり、ついに二軒の訪問をあきらめざるを得なかったこともありました。

明日は農村に行くという前の日に、康健さんから「食べるものを買って持っていった方がいい」と注意を受けました。中国では、生水は飲まないでミネラルウオーター持参が常識ですが、「あの辺は衛生状態が良くないから」といって、食堂も避けるように言われたのには少し驚きました。女性のやさしい心づかいかとも思いましたが、後になって、中国で大きな被害が出た新型肺炎ＳＡＲ

河北省易県で民家のトイレを借りたら、豚小屋の上にパラボラアンテナがあった。片田舎でも世界とつながっている。

Sの騒ぎを見ると、そのときの忠告が何を意味していたのか、わかるような気がします。確かに衛生上の問題はあるようです。

都市と農村の落差は、まず道路や建物を見れば歴然とします。もっとも典型的なのが、やはりトイレの違いでしょう。北京市内のビルやホテルでは水洗が一般的になり、ウオッシュレットも増えているそうです。空港のトイレは日本と同じで、男性用は前に立てば水が流れ、立ち去れば自動的に水が流れます。ところが農村に行くと、これがなかなかのもので、なれない旅行者を悩ませるしろものです。

日本でも三〇年ぐらい前までは、便つぼに落ちる汲み取り式の便所が、とくに農村では当たり前でした。ところが中国では、村役場やガソリンスタンドにある公衆便所が、中が男・女に分かれているだけで、大便用にも扉がありません。〝孤独の部屋〟のかわりに四〜五人が横に並んで尻をまくる、オープンスタイルです。まあ衛生上の問題を別にすれば、これも文化の違いということでしょう。農村の民家では、板を二枚渡しただけのものがほとんどです。

ともあれ、行く先々で地元の人に案内をお願いし、被害者の家を回りました。どこでも、現地の地理に明るくて、日本に連行されて帰った人の家をよく知っている人が、快く案内してくれました。都会に近いところではあらかじめ電話をしますが、農村では電話のない家も少なくありません。しかしいきなり訪ねた場合でも、みんな気持ちよく写真を撮らせてくれました。

まず本人に、通訳を通して訪問の趣旨を話します。それから用意した調査書に、連行された当時の模様や日本での状況などを記入してもらいます。自分で書ける人もいますが、書けない人が多いのに驚きます。「連行されたとき、金持ちは金を渡して見逃してもらったが、金がなくて学校にも行けなかった者が連れていかれた」というのを聞けば、それもうなずけます。一般的にも、年配者には読み書きができない人がいるようです。

話を聞き、撮影を済ませたあとに、写真を展覧会と写真集に発表することの同意を求めるのですが、全員が喜んで同意してくれました。中には被害者本人から逆に私の年齢を聞かれ、その年でよく来てくれたと言わんばかりに握手を求められることもありました。私は、ニーハォ（你好・こんにちは）とシェシェ（謝謝・ありがとう）くらいしか言えないのですが、言葉は通じなくても、心は通じ合えると感動したものです。

時にはこんなハプニングもありました。北京から高速を通って二時間ぐらいのところにある、河北省のある県を初めて訪ねた日のことです。被害者の息子さんにジープで先導してもらって、はらわたのよじれるようなでこぼこ道を車で回りました。その日の撮影を終えて帰ろうとしたとき、案内してくれた息子さんの携帯に電話がかかってきて、公安（警察）に呼び出されました。誰かが通報したのかもしれません。この県には、日本人がめったに来ないようですから、目立ったのでしょう。

公安では、同行者と通訳、運転手につづいて、この日の行動をいろいろ聞かれました。結局のところ公安から、①あなたのやっていることには感謝するが、②観光ビザで記者の活動は法律違反、③撮影したフィルムとメモを預かる、と言い渡されました。「これは大事な、被害者が生きているあかしだ」と強く抗議したのですが、らちがあきません。電話で弁護士の康健さんとも打ち合わせて、今日のところは言われた通りにする以外に方法はないと判断し、この日撮った中からフィルム二本と、調査用紙を差し出しました。足止めを食ったのがなんと五時間、北京に帰り着いたのが夜の一二時近くになりました。

思わぬトラブル発生で、あらかじめ立てていた予定は、変更せざるを得ません。「なんということだ、改革開放なんて嘘っぱちじゃないか」「感謝すると言っておきながらフィルム没収とは何だ」と心中穏やかならぬものがありました。しかし心の片隅に「フィルムはきっと返ってくる」「何とかなるだろう」という期待感だけは、失いませんでした。

私が写真を撮るようになってからまだ一〇数年ですが、カメラマンの仕事というのは、いつも予定通りに行くとは限りません。現場では何が起こるかわからないからです。まして外国のことですから、多少のハプニングやトラブルは覚悟する必要があります。この県での撮影が不可能のようなら、空いた時間でかねて会いたいと思っていた人物に会うことに、予定を変更しました。

そうこうしている間に、康健さんがいろいろ手をまわしてくれて、中国人民対外友好協会からお墨付きが出ました。それを河北省（人口六、五〇〇万人）人民政府の外事弁公室に提出したところ即座に、取材への協力を約束してくれました。

「災い転じて福」とはこういうことをいうのでしょう。それ以降は、省内の市と県の外事弁公室を通してスムーズに回ることができました。問題の県でも、次からは公安が同行して、中断していた被害者宅への訪問を再開できました。

しかし、この県の公安が「預かる」といったフィルムは、容易なことでは返ってきませんでした。私の手元に二本のフィルムと取材メモが届いたのは、日本に帰ってから三カ月後のことです。この件では中国の康健弁護士、対外友好協会の黄嵐庭理事、そして小野寺弁護士にたいへんお骨折りをいただきました。

さっそく現像してみたところ、そこには生き証人の生きているあかしが、無事に写っているではありませんか。感無量でした。時間はかかりましたが、自らの苦い体験を通じて、中国が変わりつつあることも実感できました。返却されたフィルムに写っていた何枚かが本書に生きています。

抗日戦争記念館の編集室主任、李宗遠さん。

✣中国側研究者の話

撮影が中断された日、北京市盧溝橋にある「中国人民抗日戦争記念館」に、編集室主任の李宗遠さんを訪ねました。李さんは中国人強制連行生存者の捜索と調査を行なっている、この問題の専門家です。神戸大学の学者と協力し合って神戸に送られた中国人の調査をまとめたものを、見せてもらいました。

李さんは強制連行の被害者に大がかりな調査を行ない、一万枚の調査用紙を発送したところ、数千枚が返送されてきたということです。それによると、日本軍によって連行され、今も生存している被害者が中国国内だけでなく、朝鮮半島や南の島にも、かなりいるようです。国内で最も多いのは華北地域です。

すでに生存者三〇〇人ぐらいの録画と録音、文字による調査が進んでいます。数年前、被害者が持ち帰った昔の物を含めて、この会館で写真展が開かれました。現在は貸し出し中で、河北省保定市清苑県で展示しているという話です。数日後、清苑県の「冉庄地道戦記念館」へ行き、それを見せてもらいました。いずれ抗日戦争記念館の中に、常設の強制連行記念館を作る計画もあり、中国側がこの問題にいかに力を入れているか、よくわかりました。

その際、あらためて李さんに中国人強制連行問題に対する中国政府の立場を聞いたところ、「不干渉、不反対、民間でおやりなさい」という答えが返ってきました。民間でといっても、公的な立場にいる李宗遠さん自身がここまで熱心に取り組んでいるのを見れば、中国政府の姿勢はおのずから明かです。

これまで日本政府は、一九七二年の日中共同声明で中国が「日本に対する戦争賠償請求権を放棄した」ことを理由に、中国人戦争被害者個人からの損害賠償請求を拒否してきました。しかし、中国政府の立場を中国大使館のホームページで見ると、「中国に遺棄した日本の化学兵器、中国人女性を従軍〝慰安婦〟に連行したこと、中国労働者を強制連行したことなどに関しては、中国政府は人民の正当な利益を擁護する立場から、日本側に真剣な対応と善処を要求しています」と書かれています。日本政府が言うように「日中共同声明で解決済み」の問題では、決してないのです。

数日後、北京から武漢に向かう京漢線で特別快速に乗ると、約四時間で河北省の省都・石家庄に着きました。ここで長年強制連行について研究し、『日本軍銃剣下の労工』（四分冊）という著書もある、抗日戦争史学会理事の何天義さんにお会いしました。労工とは、強制連行された労働者を意味する言葉です。当時、石門と呼ばれたこの地は華北の要衝で、日本軍はここに大きな兵力を駐屯させ、石門を押さえることによって、四方ににらみをきかせていたという場所です。

何天義さんと、被害者の遺児・王小伏さんの案内で、市内の平安公園に向かいました。華北に二〇カ所あったという収容所の一つ、石門俘虜収容所は、今は平安公園と環宇テレビ工場になっている広大な敷地に、農園や工場と共にあったそうです。ここは「日本軍が中国人戦争捕虜に対して奴隷化教育を行ない、奴隷的使役をさせ、東北（旧満州）や日本に労工を送り出す本拠地だった」と説明してくれました。

何さんの調査によれば、一九三九年の設立から四五年の日本の敗戦までに、この収容所に延べ五万人が収用されましたが、毎日一〇人、二〇人もの死者を出し、トータルでは二万人にものぼる犠牲者が出たということです。いかにも研究者らしく淡々と伝えてくれたのですが、あまりにも残酷な内容に耳を覆いたくなるほどでした。

私が行った日はウィークデーでしたが、それでも平安公園には、のんびりくつろぐ老人と子供の姿がありました。週末には、緑と水のこの公園に、大勢が訪れることでしょう。しかしここに来て感じたのは、中国では半世紀以上前にこの地で何があったかを、しっかりと後世に残そうとしているということでした。

石家荘の強制連行記念碑の前で説明する、何天義さん(右)と王小伏さん。

それは公園に建立された石碑と、そこに刻まれた碑文からわかります。まず公園中央の石碑には「石家庄集中営　蒙難同胞記念碑」の文字、それに向かって左から1938、右に1945の数字が読み取れます。38年から45年までの中国人受難の場所という意味です(38〜39ページ写真参照)。石碑の下部にはめ込まれた銅のプレートには、塹《ざん》壕《ごう》を掘ったり弾丸を運んだりする中国人の姿がレリーフされ、終わりの方には日本軍に抗して立ち上がる中国人の姿が描かれています。最も象徴的なのが、鎖で縛られた巨大な石のモニュメント(本書カバー写真)です。

いっしょに案内してくれた王小伏さんは、河北省の正定県から長崎県の日鉄鉱業に連行された、王宝宝さんの娘です。父が日本兵に連れて行かれるとき、小伏さんも銃剣で腹を刺されました。トランクとやかんは、父が日本から帰ったときに持ち帰ったものです。五八年に王宝宝さんは亡くな

長崎に連行された王宝宝さんが持ち帰ったトランクとやかん。

りましたが、小伏さんは後に花岡裁判のことを知ってから、被害者たちのリストを作り始めました。九五年に二千人あまりに連絡をとって、約七百人が生きていることがわかりました。今も二百～三百人と連絡を取り合っているそうです。

　そうした調査のために、飼っていた豚を売り、麦を売ったりしてお金を作ったという話を聞くと、父親が三五歳で連行されて味わった苦難への想いというか怨念のようなものが、遺族にしっかりと引き継がれていることを感じました。石家庄市から郊外の農村地帯に被害者を訪ねるときに、案内役を買って出てくれたのもこの小伏さんでした。

　正定県では、敬老院で一人の被害者と待ち合わせしたところ、一〇数人がそこに集まっているのに驚きました。そこで出会った陳玉川さん（長野県の大成組・大倉土木に連行）以外は、日本人カメラマンが来ることを伝え聞いて集まった、被害者の遺族たちだったのです。劉連仁裁判と福岡地裁の判決が出たあとの中国国内のさかんなテレビ・新聞報道で、関係者に広くニュースが伝わり、関心が高まっていることが、これでもよくわかりました。

　ともあれ、中国人強制連行の生き証人たちを現地に訪ねてしみじみ思い知らされたのは、戦争で多大な犠牲を与えた人たちに対して、日本がいまだにきちんと謝罪していないだけでなく、国としての責任を果たしていないということです。

2 華北に被害者を訪ねて

──証言と肖像

一九四三年から四五年にかけて、日本が中国人を最も多く集めて日本に連行した地域は、華北でした。華北というのは、北は万里の長城から、南は秦嶺、淮河までの黄河中・下流域の広大な地域です。私はその中の北京郊外と、北京を取り巻く形で広がる河北省の町や村を訪ねて、いまも健在の生き証人を撮影しました。すでに写真ページでご覧いただいた被害者も含めて、ここでは六人の被害者の証言と肖像を伝えたいと思います。なおこの証言については、直接通訳を通しての聞き書きに、日本各地で行なわれている裁判にさいし弁護団が原告から聞き取りを行なったものを参考にさせてもらいました。

張宝恒さん

──一九二四年河北省易県生まれ、79歳
（連行先＝福岡・三井田川炭鉱）

北京から南西へ一二〇キロ、高速を乗り継いで三時間ぐらいのところにある河北省易県の山の中で、張宝恒さんは一人暮らしをしています。小高い山の急斜面を登り、さらに一人がやっと通れるだけの細い道をしばらく登っていくと、カラカラに乾いた砂地に見えたのが張さんの家。ここに向かったのが〇二年の三月初めで、中国で正月（旧暦）を祝う「春節」の飾りが家の入口に残っていました。しかし、率直に言って掘っ立て小屋みたいな、小さくて貧しい家です。この場所は昔と少し変わっていますが、張さんが六〇年前に連行されたのもこの村からだったのです。

家の前に立つ張宝恒さん。

四三年春、張さんが一九歳のとき、村を歩いていて突然、日本兵数人と日本に味方する中国兵（中国ではカイライ軍と呼ばれる）に捕らえられました。両手を縛られ、車に乗せられて警察署へ連行。妻と息子の三人暮らしでしたが、それ以来二年間、妻と子から引き離されての生活を強いられたわけです。

張さんは当時、八路軍に所属して情報活動をしていたため、警察では無理やり水を飲まされ、厳しい尋問を受けました。一カ月ほど拘留された後、石家庄（河北省の省都）の労工教習所に送られました。ここは監獄みたいなところで、張さんは洗濯などの労働をやらされました。収容されたものは、洗濯のほかに裁縫や革靴を作る仕事などもやり、労働がきついだけでなく食事が少なく、栄養や衛生状態が劣悪なため、大勢の人が病気にかかりました。

ここで二〇数日間をすごした後、収容された中国人の中から一八歳から四〇歳までで体が丈夫そうな者五〇〇人が選び出され、張さんもその中に加えられて日本に連行されました。日本人は「炭鉱で二年間働けば帰れる、給料も払う」と言っていたそうです。張さんはいわゆる「試験移入」組で、「本格移入」の先発隊だったのです。

石家庄から汽車で天津へ向かう途中、汽車から飛び降りて逃げようとする者が続出、日本兵が発砲して何人もが殺されるのを見たそうです。天津の塘沽《タングー》港（今の天津新港の一部）から貨物船に乗せられ北九州の門司港へ着いたのが六月頃。そこから三井鉱山・田川鉱業所へ送られたのです。

田川の宿舎は木造の大きな家で、広くて長い部屋に一〇〇人以上が詰め込まれました。床は板張りで敷き布団はありません。中国を出るときに配付された服と掛け布団だけでしたが、冬でもあまり寒さは感じなかったといいます。宿舎の周りは塀で囲まれ、出入り口には警察の詰め所があり、銃を持った警察官が見張っていました。とうてい逃げられないと思ったし、どこへ逃げたらいいかわからないので、逃亡はしませんでした。

仕事は石炭掘りで、一〇人一組で坑内に降りる仕組みです。最初のころは一日八時間労働だったのが、次第に増えて後には一〇時間、一二時間にもなっていきました。二年間の間、正月も祭日も働かされ、休みは一日もありませんでした。たまに予定した以上に石炭を掘ったときに、小さな芋一本、タバコ一本もらったことがあるそうです。

しかし給料は全く支給されませんでした。

食事は大変粗末で、一日三食といっても、トウモロコシを材料にした饅頭が毎食二つだけ。初めのころは小麦粉で作った饅頭も出ましたが、あとになると、全部大豆かすで作ったものになりました。一緒にいた中国人の中には、栄養不足が原因で病気になり、死んだ者も少なくないのです。本人も、日本に連れて行かれて一番辛かったのは、食べ物が足りなくていつも空腹だったことだと述懐していました。中国人には穀物の配給がないのに、日本人にはたくさんあったのを見て、我慢がならなかったといいました。

なにしろ食料が足りないので、中国人の隊長と班長が要求に行ったら、取り押さえられてしまいました。その後、さらに食料が少なくなったので、再び班長と組長が行くと、牛や馬のえさ用の豆かすとおからが出てきたそうです。

まる二年が過ぎると、みんなは心をひとつにし

惨遭蹂躏的花冈出张所的中国劳工

秋田県の花岡鉱山に連行された中国人が、解放後、米軍の身体検査を受けているところ。中国で行なわれた「日本による中国人強制連行罪行展」より複写。

ました。「二年の約束だから、われわれを帰らせるべきだ。もう働くのをやめよう。ここを抜け出して中国人に連絡をとろう」と話し合って、ストライキを起こしたのです。仕事をやめ、つるはしとシャベルを持ち出して、監視している日本人監督にぶつかり、日本人の持ち物を燃やしたりもしたそうです。

田川市から何百人もの警察官や憲兵が来て、宿舎を取り囲みました。日本人が三〜四人がかりで中国人一人ひとりを捕まえたのです。一〇〇人ぐらいいた中国人の約三分の一が捕まって、張さんも縛られたまま車に乗せられました。まる五日間、一滴の水さえも与えられませんでした。四〇日あまり留置されたのですが、その間、日本人や子供が見ている前で、中国人どうしで殴り合いをさせられ、あるいは地面にはいつくばるよう命令されて笑いものにされた屈辱が、今も忘れられません。釈放された後は、ふたたび採炭現場に投げ込まれ

張宝恒さんの家の中。ねずみの被害を避けるため、上からビニール袋がいくつもぶら下がっている。

ました。

日本が降伏したことを知ってからは、日本人のための労働は止めました。米のご飯や卵も出るようになり、生活も改善されました。二カ月後日本の船で帰国し、故郷に帰り着きました。幸い、家族はみんな無事でした。周囲からは、無事に帰れてよかったという人もいましたが、敵国に出稼ぎに行ったという非難も浴びました。六〇年代の文化大革命のときには村の幹部になっていましたが、幹部の役職を辞めさせられ、反省文を書かされるなど、つらい思いをしました。

張さんが住んでいる家に入ると、昼間だというのに中の暗さに驚きます。窓はあってもガラスが割れていて、そこに新聞紙やダンボールが貼ってあるのですが、それも破れてところどころ外が見える状態です。壁紙代わりに壁に貼ってあるのも古新聞です。部屋の照明は二五ワットの裸電球一個だけ。下は土間で、片隅に居間兼用の板張りの

三池炭鉱に連行されていた当時のことを記した張宝恒さんのメモ

寝床があるだけです。そこにはオンドルがあるのですが、下のかまどで煮炊きした余熱で暖をとっているようです。真冬には、零下一〇～二〇度にも下がるといわれるこの地方で、よくもこの家で暮らせるものだとつくづく思いました。以前は夫婦で住んでいましたが、先年妻を亡くしてからはひとり住まいです。テレビもなければ、冷蔵庫もありません。

よく見ると、居間兼寝床の部屋には、上からいくつものビニール袋がぶら下がっています。これは、物がねずみに食われるのを防ぐためだそうですが、張さんは、日本に連行された当時のことをここでたんねんにメモして、そのメモを同じようにビニール袋に入れてぶら下げておいたのです。上の写真がそれで、この貴重なメモが福岡地裁に「甲第91号証」として提出されました。

後日、聞いたところによると、張さんの家には学校の先生が、生徒を引率して話を聞きにやってくるそうです。日本に強制連行された生き証人の存在が、中国の子供たちの歴史認識を形作る上で生きた〝教材〟となっているのです。

松葉杖で歩いてくる劉樹格さん。

劉樹格さん

――一九一八年河北省永清県生まれ、84歳
(連行先＝群馬県・間組)

二〇〇二年六月末、北京の宿舎を午前八時前に出発して、車で永清県に向かいました。高速を降りてしばらくいったあと横道に入ると、そこには農産物の集荷所があり、人参を積んだトラックや三輪車でごった返していました。昨晩降った何年ぶりかの大雨で、道路はぬかっていてなかなか前へ進めません。北京の端から永清県の入り口まで約七〇キロということですが、ずいぶん田舎へ来たものだ、というのが第一印象でした。

劉樹格さんを訪ねたとき、ご本人は近くの知り合いの家にいたようです。村の若者が迎えに行って帰って来る姿を見ると、両脇を松葉杖で支えて、ようやく歩いて来る感じでした。入り口にはレンガ造りの家が崩れたままになっており、人も家も痛々しく見えます。以前、方元律師事務所の劉湧弁護士から、「被害者は全体的に見て平均水準以下」といわれたのを思い出しました。

劉樹格さんがこの地から連行されたのは、四三年三月頃のことです。市場が突然、日本兵に包囲され、そこにいた若い男はみな捕まえられました。

当時二五歳だった劉さんも、針金で手を縛られ、連行されたのです。そのまま天津の塘沽《タングー》港へ連れて行かれ、収容所へ。収容所では、一部屋に八〇～九〇人が押し込められました。家の周囲は鉄条網で囲まれていて、出入り口は常時日本兵の監視の下にあったということです。

四四年春、塘沽港から貨物船で日本の山口県下関に送られ、その後、汽車で群馬県の桃野村（現在の月夜野町）へ連行されました。当初、投げ込まれたのは間組の利根川事業所で、日本発送電岩本発電所の導水トンネル掘削工事でした。土の運搬や坑道内に柱を立てたりする仕事で、二交代制で毎日一〇時間以上の労働です。

導水トンネルが完成した後、四五年三月からは、同じ間組の後閑作業所で中島飛行機製作所の地下工場建設現場に投げ込まれました。発破を仕掛けるための細長い穴をドリルを使ってあける作業で、劣悪な労働環境で酷使された結果、多くの仲間が命を落としました。落盤事故で死者が出たこともありました。食事の量が少ないため、みんないつも飢えにさいなまれていました。着ていた服が破れて着られなくなり、セメント袋を身につけていた者もいたということです。

作業中、仕事が遅いといって日本人の監督は、しょっちゅう桑の枝の鞭で中国人を殴り、ののしっていました。ある日、劉さんが肩にかついでいた材木が落ちて日本人にぶつかったため、怒った日本人に、持っていた斧で劉さんは股《また》の付け根を強打され、大怪我を負わされました。その日本人が「サトー」という名だったことは、今でもはっきり覚えています。大腿骨《だいたいこつ》の骨折でしたが、何の治療も受けられないまま、数日間、ベッドでうつぶせに放置されただけでした。

撮影の途中、夫人に助けられてズボンを下ろしたのを見ると、左腰のあたりが大きくへこんでいます。もしも自分が同じ目にあったとしたら……

そう考えただけで、カメラを持つ手に震えを感じたほどでした。オンドル部屋に上がっているときも、左足は投げ出したままです。

　解放されて永清県に帰った後も、劉さんは骨折した足が不自由なため、満足に働くことができませんでした。大雨で崩れた入り口の家も、放置したままです。「人民公社時代に、人が10点の働きとすると、私は5点だった」と、苦しい過去を振り返って言いました。日本へ連行されて強制労働をさせられ、暴力をふるわれたことが、この人の人生を狂わせたのです。今も杖なしでは歩けない体にされた劉さんの切なる願いは、「一日も早く補償をしてほしい」ということです。

趙宗仁さん

——一九三〇年北京市海淀区生まれ、73歳

(連行先＝北海道・熊谷組)

北京市海淀区に住む趙宗仁さんはたいへん行動的な人です。海淀区やその周辺で、日本に強制連行された人を一人ひとり訪ね歩き、事情を詳しく聞いて、裁判を広げるための掘り起こしをしているのです。私が北京近郊を回ったときは、二回とも自転車で道案内をしてくれました。最近では、そのために原付自転車まで買って、精力的に動き回っています。

　四四年の秋、趙さんが一四歳の時でした。村の保長から「昌平県に仕事がある。土木工事をやれば一日二キロのトウモロコシをくれる」といわれて働きに出ることをすすめられました。まだ小学校四年生でしたが、家が貧しかったので、学校を続けるのをあきらめて働きに行くことにしたのです。父母に別れを告げて家を出ました。

　村の役所に行くと、同年齢の任有福さんも来ていました。昌平に行くと、同じようにして集められた中国人が約二〇〇人。翌日、北京市内の華北

車が通れないため、道案内にかけてくる趙宗仁さん。

労工協会というところに行き、次の日には汽車で天津の塘沽《タンクー》港に連れて行かれて、日本の軍隊に引き渡されました。

日本に行くという話は、塘沽港に来て初めて知りました。塘沽港の収容所に七日間拘束された後、貨物船に乗せられ、七日ぐらいで下関港に着きました。船は石炭運搬船で、中国人は船倉の中で、石炭にむしろを敷いた上に寝起きさせられたのです。下関に上陸すると、全員が風呂に入れられ、体中を消毒されました。

その後、下関から汽車で福島県に運ばれ、熊谷組の沼倉出張所に送り込まれました。その時の様子を、趙さん自身が書いたB5判二一ページの手記で見ると、次のようです。

「福島県で私たちが住んだのは、名目上は建物ですが、実際は家畜小屋です。長さ二〇数メートル、幅五メートルほどの中に、二七〇人から二八〇人が押し込まれていたからです。出入り口は一カ所でした。いちばん奥に便所があり、中央が通路になっていて、その両側に大勢が雑魚寝する上下二段の板張りで、そこにはわらが敷いてありました。周囲の壁は釘で打ち付けた板一枚で隙間だらけ、中にはそこから外に向けて小便をするものもいました。

私たちに与えられたのは、黒っぽい小麦粉と湿った米ぬかを半々に混ぜて作った饅頭でした。それも一人一個だけ、おかずは何もなく、菜っぱの入ったスープが一杯つくだけでした。しかし命を維持するために、まずくても食べました」

連行された中国人は、大隊、中隊、そして班に分けられ、班ごとに労働する毎日でした。仕事は、水力発電所建設に使うコンクリート用の砂利や土砂の採取や運搬作業です。一日一二時間もの長時間労働で、休憩はいっさい許されませんでした。

事故や災害が相次ぎ、趙さんは鄭という中国人がトロッコにはさまれて死んだのを目撃しています。

翌四五年一月に長野県にあった熊谷組の平岡出張所に移動し、同年六月には北海道常呂郡置戸村の野村鉱業置戸鉱業所に移されました。そこは水銀製錬工場で、原料用水銀の鉱石掘りから洗鉱場の付属工事で、土砂運搬や雑役などの仕事です。

連行先は次々に変わりましたが、最も労働がきつく感じたのがこの置戸鉱業所だったと言いました。

衣服は沼倉出張所に連行される際に支給された作業服だけで、それがぼろぼろになって、セメントの麻袋に穴をあけて身につけた人もいたそうです。支給された地下足袋が破れてはけなくなり、藁で編んだものをはく人もいました。冬の厳しい寒さで、多くが凍傷にかかりました。

半世紀を越えて、趙さんは札幌地裁で行なわれた北海道訴訟の口頭弁論に立ち、次のように意見陳述をしました。

「医務所はありましたが、重病になると診てくれません。私たちの中隊だけでも、一〇数人も死にました。そのうちの一人は、重病であってもまだ死んではいなかったのです。しかし日本人は彼を縛り、木箱に入れて火葬してしまいました。私たちはただ見ているだけで、止めることはできませんでした。本当に残酷でした」

戦争中とはいえ、こんなひどいことが、日本人の手で行なわれていたのです。

趙さんが九三年ごろに提訴を考えて動き始めたとき、公安から「それはいけない」と言われました。しかし九八年以降は、公安は何も言ってこなくなりました。最近は何も言わないだけでなく、新しい派出所の所長は、「個人としては当然だと思う」と言うそうです。中国のこの問題に対する姿勢の変化を感じました。

趙さんの自宅には、今も毛沢東と周恩来の大きな写真が、額入りで飾ってありました。

孫徳禄さん

——一九二六年北京市昌平県生まれ、76歳
（連行先＝北海道・熊谷組）

孫徳禄さんも趙宗仁さんとほぼ同じコースで連行された一人です。孫さんには妻子がいて、妻や子と一年以上も遠く離れた生活を余儀なくされました。

四四年秋頃、一八歳の時、村の役人から「昌平県で仕事がある。行けばトウモロコシ一五キロを報酬としてもらえる」といわれて、働きに行くつもりで出かけたのです。だまし方も同じです。

昌平県に行くと、仕事を求めてやってきた中国人が一五〇〇人ぐらいいました。そこで一泊して、翌日、中国人の警察官に連れられて北京市内の華北労工協会というところへ行きました。翌日、日本と中国の警察官監視の下で、北京から汽車に乗り、天津の塘沽《タングー》港に連れていかれたのです。

裁判を支える孫徳禄さんの家族。

車中、中国人警察官から「日本へ行って働いてもらう」といわれて、初めてだまされたことを知りました。しかし警察官の監視が厳重で、逃げることはできません。「三年間日本で働いたら、帰ってこられる」と言われたのを覚えています。

塘沽港の収容所に一週間拘束された後、港からやはり石炭運搬船で下関に送られ、そこから福島県にある熊谷組の沼倉出張所に連行されました。そのあとは趙さんと同じく福島から長野へ行き、最後は、北海道の野村鉱業所置戸の現場で働かされたのです。

自宅で妻と一緒に写真に収まった孫さんは、たいへん穏やかに見えました。しかし、日本に連行された当時のことを話すうちに、表情が次第に険しくなっていくのがわかりました。突然、ズボンをおろして見せてくれた右後ろの大腿部《だいたい》には、今もくっきりと無残な傷あとが残っているのです。私は一瞬たじろぎながらも、これこそ生き証人の証拠だと思い、しっかりと撮らねばと自分に言い聞かせながら、シャッターを切りました。

この傷は、四五年夏、野村鉱業の置戸鉱業所で働かされていたときのものです。毎日の食事が粗末なためあまりの空腹に耐えかねて、畑で小さな大根を盗ったのが見つかり、日本人四人に手足を押さえられて、殴られたのです。太い木の棒でたたかれたので、骨は折れなかったが腿《もも》が大きくはれ上がり、腐ってしまいました。そのことがあって半月後に日本は敗戦を迎えたのですが、それまで放置され、傷の治療が受けられたのは解放された後だったということです。

裁判について孫さんは、日本に対して「まず謝ってほしい。そして一年以上も給料なしで働かされた、その賠償がほしい」と言い切りました。最後に家族全員の写真を撮るとき、そうした孫さんの決意を子や孫たちが温かく見守っているのを感じながら、カメラに収めました。

陳桂明さん
――一九二二年河北省徐水県生まれ、79歳
（連行先＝福岡・三井三池炭鉱）

陳桂明さんの写真を撮ったのは、北京市内にある康健弁護士の方元法律事務所です。福岡弁護団の聞き取りで、徐水県から出てきてもらったそのときです。居住地まで行くことはできなかったのですが、手の傷があまりにも衝撃的でした。

四四年春のある朝、銃を持った日本兵が突然家に押し入ってきて、当時二一歳だった陳さんは外へ連れ出されました。日本兵は銃でこづきながら徐水駅まで連れて行き、そこで列車に乗せられたのです。乗る前に「保定市で飛行場を作るから」と聞きましたが、列車は保定を通り過ぎて天津の塘沽《タングー》港まで行き、そこで降ろされました。

塘沽港では木造の収容所に入れられ、そこには

一〇〇人以上の中国人が収容されていたそうです。建物には機関銃がすえつけられ、銃を持った日本兵が監視の目を光らせていました。「日本に連れて行かれるのでは」といううわさを聞いたが、とても逃げられる状況ではありませんでした。

一週間ぐらい経って塘沽港から、二〇〇人ぐらいの中国人といっしょに船に乗せられ、途中、大連に寄って一週間がかりで日本の港に着きました。上陸後すぐに集められて、露天で噴霧器のようなもので消毒液をふりかけられました。その後、まる一日汽車に乗せられ、着いた先は熊本県の三井鉱山三池鉱業所でした。

坑内でやらされた仕事は坑道の保守作業で、坑道の両側に石を積み上げて天井を支えるのが主な仕事です。連行された翌年の四五年三月頃、石で維持していた天井が崩れ、大きな石が落ちてきて、陳さんはその下敷きになりました。つけていたヘッドランプは飛ばされ、意識不明となりました。気がつくと右手の人差し指が押しつぶされ、両足や背中、頭にも傷を負っていました。鉱業所の医務室に運ばれ、皮膚だけでつながっていた右手の人差し指を医者が切断し、傷口を縫ったそうです。麻酔もなしの手術で、我慢できないほど痛かったことを覚えています。その他の傷は、薬を塗って包帯を巻いただけでした。

五九ページの写真で見るように、右手はいまもそのままです。こんな大けがをした後も、翌日休んだぐらいで、あとは休ませてくれませんでした。休めば食事がもらえないから、どんなに傷口が痛んでも働かざるを得なかったこともあるようです。

さすがに三カ月間だけは、あまり右手を使わなくてすむ給食の仕事にまわされましたが、その後はまた坑内の作業に戻されます。ドリルが使えないので、もっぱら石の持ち運びをやらされました。

陳さんは、いつになれば自分の国に帰れるのか、絶望感から何度も死にたいと思いました。いつも腹が減ってたまらないし、年がら年じゅう日本人の監督に殴られたからです。電気のコードやドリルで自殺しようとして、仲間に止められたことが三、四回もありました。ケーブルで作業場に向かうとき、横に走る電線をつかんで死ねたら、楽になれるなどと考えたこともありました。

食事が少なくて、あまりにもおなかをすかせていたため、道に生えている草や、落ちているミカンの皮などを拾って口に入れる中国人もいましたが、そのたびに殴られていました。

福岡の弁護士からの、今でも覚えている日本語は？という質問に対して、陳さんの口から出たのは「バカヤロー」でした。日本人の監督から、いつも怒鳴られ、暴力をふるわれたことを思い出したのでしょう、陳さんのひたいのしわがいっそう深くなったように感じられました。

戦争が終わって、旧暦の一二月頃、アメリカの船で帰国しました。帰り着いた徐水県で、幸い家族はみな元気でした。しかし右手の人差し指を落としているので、何年もの間仕事が見つからず、結局両親のところで農業をやるほかありませんでした。農業をやるにしても、鍬やつるはしを持つ手に力が入らず、たいへん不自由な思いをしたということです。気候の変わり目や天気の悪い日には、今も右手が痛みます。

妻が亡くなって一人暮らしですが、陳さんが日本に求めるのは「不自由な体にされて生活が苦しい。早く補償をしてほしい」ということです。

宋君政さん

——一九二五年山東省栄城県生まれ、77歳
（連行先＝北海道・三菱鉱業美唄）

宋さんはもともと抗日戦の主力だった中国共産党の八路軍の兵士でしたが、四二年春、山東省の栄城県で道を歩いているところを、日本軍とそれ

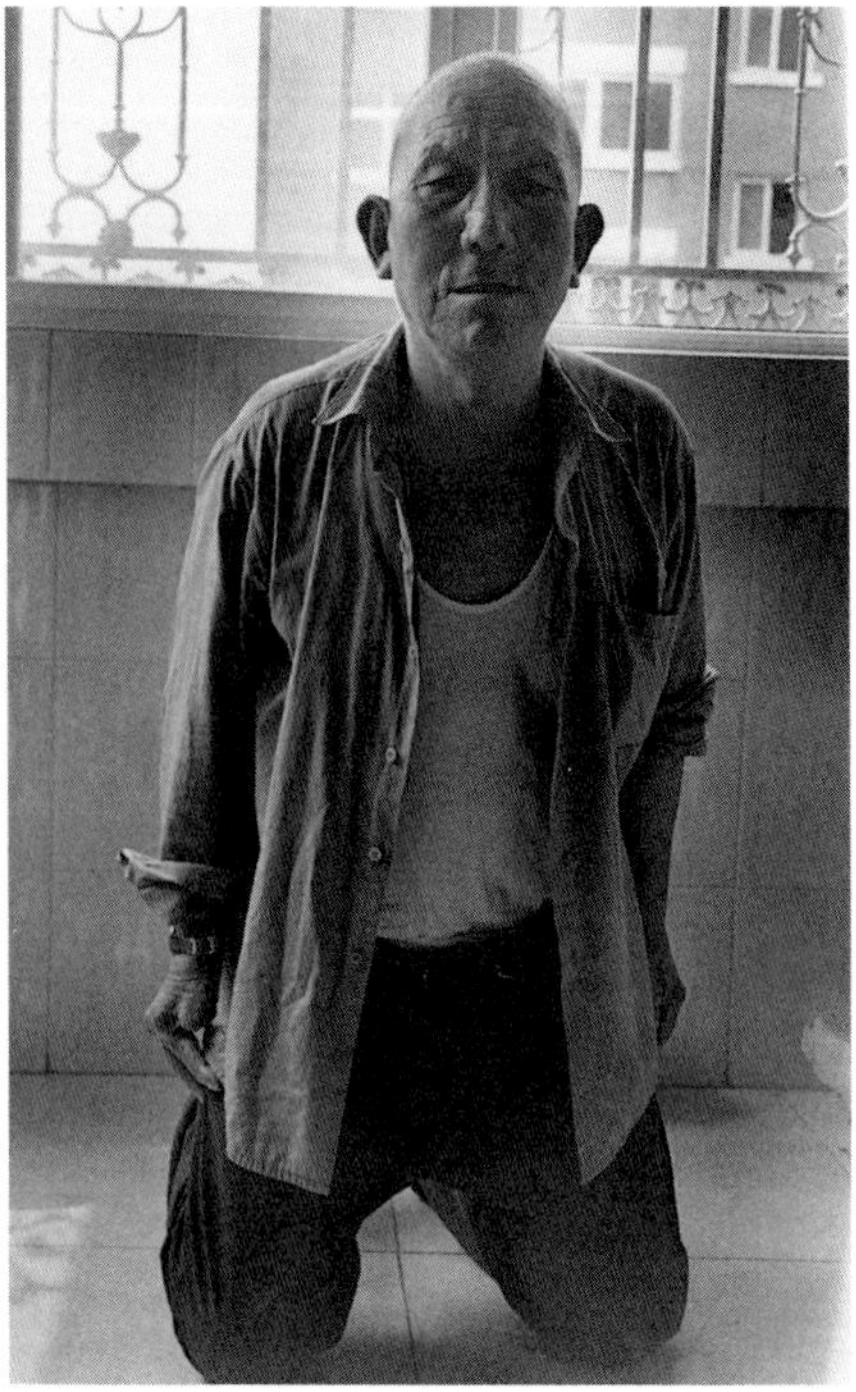

北海道の炭鉱に連行された宗君政さんは、腹が減って山に逃げたが警察につかまり、長時間この格好で座らせられさんざん殴られた。（北京市順義県）

に協力する中国兵（カイライ軍）につかまり、無理やり青島《チンタオ》にある感化院に収容されました。

四四年夏、感化院から出るように言われ、トラックの荷台に大勢の中国人と一緒に詰め込まれて、青島埠頭へ行きました。そこから船で下関に渡り、送り込まれたのは北海道の三菱鉱業美唄《びばい》出張所でした。そこは当時、鉄道工業が三菱から請け負いの形で出炭していたところです。

一日の労働時間は、炭鉱までの往復を入れると一四時間にもなり、行きも帰りも星を見て通う毎日でした。長時間の重労働に対して食事はきわめて貧しく、昼はどんぐりの饅頭だけ。腹がすいて、道端に落ちているものを拾って食べているところを日本人の監督に見つかり、殴られました。

ある日、空腹に耐えきれず、仲間と山の上に逃げ込みます。しかし、のどが渇いて山を下り、水を飲もうとしているところを警察官につかまってしまいました。美唄《びばい》の警察署で、縛られてつるし上げられ、さんざん殴られました。真っ赤に焼けた火箸を腕に押し付けられ、そのやけどの跡が今も残っています。

右手の指の傷は、帰国後、天津で、日本軍が残していった砲弾の雷管にふれ、親指と人差し指を失ったものです。そんな不自由な手でも、バイクを飛ばし、すこぶる元気で、「命のある限りあのときの屈辱を晴らしたい」という宋さんです。

Location and Number

of the

Chinese Labourers in Japan

20 August 1945

	Location	Name of Employer	Number of Chinese Workers	Nearest Railway Station
	I. Hokkaido			
1)	Sorachi-gun Akahira-machi	Kawaguchi, Tsunegoro	253	Nemuro Line, Akahira
2)	"	Chisaki, Uzaburo	579	Nemuro Line, Tairagishi
	"	Sorachi Akama Mining	248	Utashinai Lin Utashinai
:)	"	Sumitomo Mining	241	Nemuro Line, Akahira
5)	"	Kawaguchi, Tsunegoro	146	"
)	Sorachi-gun, Bibai-machi	Mitsubishi Mining	263	Hakodate Line Bibai
)	"	Mitsui Mining	433	"
,	Sorachi-gun, Bibai-machi	Iwase, Yagoro	318	Bibai Line, C
	Sorachi-gun, Ashibetsu-machi	Mitsui Mining	436	Nemuro Line, Chuya

外務省外交資料館で見つかったＧＨＱあての覚書

3 裁かれる強制連行の歴史

✣一九四五年八月二〇日付の政府文書

上に掲げた英文のコピーを見てください。これは日本政府がアジア太平洋戦争での敗戦の直後に、連合国軍最高司令官総司令部（ＧＨＱ／ＳＣＡＰ）にあてた文書の写しです。当時、日本は、アメリカを中心とする連合国の占領下にありました。この文書は日本政府が終戦連絡中央事務局の名でマッカーサー連合国軍最高司令官にあてた、おびただしい数の覚書・書簡の中の一通です。

一九四五（昭和20）年一〇月二三日付のこの覚書のタイトルは〝Chinese Labourers in Japan〟（日本における中国人労働者）となっています。内容は四項目からなり、その1に「日本における中国人労働者の所在地と数」とあり、つづく2から4では、中国人が各地で不法行為を働いていることが報告されています。その背景には、すでに見たように非人道的な奴隷労働を強いられていた中国人の怒りが日本の敗戦で一気に爆発して、日本人の監督や管理者を襲撃する事件が相次いだことがあります。そこで占領軍に、その鎮圧を依頼するのがこの文書の目的でした。

ここで注目されるのは、1の「所在地と数」を明記した一覧表の日付です。一九四五年八月二〇日とあり、これは日本が無条件降伏した八月一五日から数えてわずか五日後です。空襲で日本の都市という都市が焼け野が原と化し、敗戦で国中が打ちひしがれていたまさにその時点で、日本の政府・官僚は中国人強制連行の実態を示す文書を作成し、所持していたのです。

ここには、日本全国の事業場ごとに「雇用主」と「中国人労働者」の人数が書かれていて、総数は三万一、二二九人とあるのです。後日、外務省外交資料館で、外務省の外交記録の中にこれらの文書を見出した戦後史研究者の笹本征男氏は、「驚きに体が震えた」と言いました。「敵国民の中国人を連行してきておきながら、敗戦と同時に、日本政府は早く追い返したかったのだ」というのが笹本氏の解釈です。

戦後、中国から連行され日本で亡くなった人たちの遺骨の送還運動に携わった関係者や、強制連行の研究者の間では、敗戦翌年の四六年に外務省がまとめた、中国人強制連行に関する「外務省報告書」が注目されてきました。しかしこれは「幻の報告書」の名がつくほど、長い間そのゆくえがわかりませんでした。国会で何回も取り上げられても、九〇年代の初めまで、政府は報告書を作成したこと自体は認めても、もはやそれは存在しない、焼失したなどという、うその答弁を繰り返していたのです。そして、公的な記録がないという理由で、政府は中国から連行した人の数や死亡者の数さえも、明らかにしませんでした。

ところが、九三年にＮＨＫがテレビで放映した『幻の外務省報告書』で、日本政府が太平洋戦争中、四万人近い中国人を連行してきて炭鉱や建設現場など一三五の事業所で使役し、そこでの過酷な労働と劣悪な環境のため七千人近くが死亡した、その全体像が明らかになりました。長い間政府によって隠されていた「外務省報告書」と、一三五カ所の全事業所から提出させた膨大な資料「事業所報告書」が、ようやく陽の目を見ることになったのです。

先に見たＧＨＱあての日本政府の文書は、この外務省報告書よりも一年前、敗戦の時点で、政府が連行してきた中国人の人数を詳細に掌握していたことを示しています。おそらくこの文書のデータをもとに、外務省報告書の調査が進められたのではないかと思われます。

✣『幻の外務省報告書』

全五冊、六四六ページに及ぶ外務省報告書には、「華人労務者移入」という名称で、中国人を日本に連行して、どこでどれだけ働かせていたか、現在はどうなっているかということが、ことこまかに書かれています。

まず一九四二（昭和17）年一一月二七日、東条内閣の閣議で「華人労務者内地移入に関する件」が決定されたこと。これは中国人を日本に連れてくることが、日本政府の正式な閣議決定に基づいて行なわれたことを証明しています。

連行された数は合計三万八、九三五人で、それが雇用主三五社の一三五カ所の事業場で就労し、そのうち六、八三〇人が死亡したことが指摘されています。そこに記された全国の配置図を見ると、まず驚くのはこんなにも広く、全国いたるところに中国人を連行していたという事実です。すべてが、戦争を遂行するために必要な産業・工事の現場です。日本人には身近な地名でも、知らない他国に連れてこられた中国人が、これらの場所で過酷な労働を強いられ、どんな思いをさせられていたか、想像にあまりあります。

日本に送り込まれた中国人のうち、一番若いのは一一歳の少年でした。写真ページの二八ページの張徳山さんが最年少の一人です。張さんは私が三二年生まれで同い年だと知ると、逆に「ご苦労さん」と言ってねぎらってくれました。最年長は七八歳と報告書にありますから、男で労働力として使えそうなら、子供だろうが老人だろうが、年齢を問わず手当たり次第に連れてきたということがわかります。しかも、およそ六割は妻子のいる所帯持ちでした。つまり、一家の大黒柱が妻や子

中国人強制連行をめぐる略年表

1931	9月18日、関東軍、「満州事変」を引き起こす
37	7月7日、盧溝橋事件、日中全面戦争へ突入
41	石門〈石家庄〉俘虜収容所設置
42	「華人労務者内地移入」閣議決定
43	中国人強制連行「試験移入」
44	中国人強制連行「本格移入」開始
45	7月1日“花岡蜂起” 8月15日、日本敗戦。10月より連行された中国人を送還
46	「外務省報告書」作成
72	日中共同声明、国交正常化
78	日中平和条約調印
93	ＮＨＫ、『幻の外務省報告書』放映
95	花岡に連行された生存者・遺族が鹿島建設を告訴
96	劉連仁はじめ中国人強制連行被害者が、この年以降、全国8ヵ所で告訴
97	鹿島花岡東京地裁判決、原告側控訴
2000	東京高裁で鹿島花岡裁判の和解成立
01	劉連仁事件東京地裁判決、国側控訴
02	三井鉱山福岡地裁判決、被害者と企業の双方控訴。西松建設広島地裁判決、被害者側控訴
03	日本冶金京都地裁判決、被害者側控訴

と引き離されて日本に連行されてきたのです。

考えてみれば、日本の青年・壮年は根こそぎ徴兵されて中国大陸はじめ戦地に送られ、逆に中国の青年・壮年は日本に連行されて炭鉱などで強制労働させられるという、異常な状況が作り出されていたのです。同時に、ひとたび戦争が始まってしまえば、侵略される側はもとより、侵略する側も、いちばん被害をこうむるのは一般市民だということがわかります。

強制連行の時期は、四三年四月から一一月の間に一、四一一人が「試験移入」され、その後四四年三月から四五年五月にかけ三万七、五二四人が「本格移入」として連行されています。戦争が終わったのが四五年八月ですから、日本に拘束された期間は、試験移入の早い時期の人で約二年間、大多数は一年数カ月から半年です。

期間そのものはそう長いと思われないかもしれません。しかし先の証言で見たように、地獄の苦しみを味わった人たちにとって、それはどんなにか長く感じられたことでしょう。しかも、長くても二年の間に、四万人中七千人が死亡しているという事実は、何を物語っているのでしょう？　実に六人に一人が亡くなっているのです。

「死亡率高キ事業場」の一覧表には、戦慄をおぼえます。そこには死亡率三〇％以上の一三事業場の名が挙がっています。有名企業では、北海道炭鉱汽船空知天塩四五％、日鉄鉱業釜石四三％、鹿島組花岡・古河鉱業足尾各四二％、日本鉱業峰の沢四一％、三井鉱山芦別三六％などです。わずか一～二年の間に、二人に一人、三人に一人の割合で命を落としているのです。この異常に高い死亡率を見ただけで、連行されてきた人たちが日本でどんな仕打ちを受けたかがわかります。

東京華僑総会にひそかに保管されていた外務省報告書が、九三年に公表されたことで、中国人強制連行の問題が一躍クローズアップされることになりました。各事業所からの報告にもとづく連行者の氏名、年齢、職業、出身地が、そこに明記されていたからです。被害者たちが、日本で裁判を起こすのにも、有力な手がかりとなりました。

ではなぜ、日本政府が、敗戦の翌年にこのような大規模な調査を行ない、膨大な報告書を作ったのでしょうか。それには、日本が足かけ一五年間にわたって侵略し、限りない損害を与えた当の中国が、アメリカ、イギリスなどと共に日本に対する戦勝国となったということがあります。

「外務省報告書は、中国など海外から問題にされた場合に、申し開きができるように作った、決して極端な虐待はしていませんというための材料なんです」。外務省に委嘱されて、直接調査に当たった大友福男さんの話です（ＮＨＫ出版『幻の外務省報告書』）。

要するに、戦勝国の立場になった中国人を大量に連行して強制労働させていたことが、占領軍の戦争犯罪追及の対象となるのを恐れて、それを免れるために作成した文書だったということです。「占領軍の取り調べに備えて、詳しい内部資料を作った」と、関係者が証言しています。

そのため報告書では、中国人の来日が中国側機関と日本企業との間で結ばれた契約にもとづくものので、戦時中の厳しい食糧事情にもかかわらず、それ相応の処遇をしたなどとつくろったりしているのです。この問題を調査している李宗遠さんは、「捕まるときや連行、輸送中の死亡は含まれていない」と指摘しています。そうした問題点はあるにしても、この報告書は、中国人強制連行の事実そのものを証明する上で、かけがえのない資料となったのです。

しかし、戦後まもなく米ソの対立が深まり、冷戦へと入ってゆく中で、連合国による戦犯追及は次第に下火になり、ついに幕を閉じてしまいます。せっかくその日のために用意した外務省報告書は無用のものとなりました。逆にそうした詳細な記録が残れば、日本の政府と企業が一体になって行なった不法行為の証拠となります。それを恐れて、政府はこれを闇に葬ろうとしたのです。

✣全国八カ所で進行する裁判

二〇〇三年六月現在、日本国内で、中国人強制連行事件に関わる裁判が全国八カ所で行なわれています。北海道、新潟、長野、群馬、京都、広島、福岡の地名を見れば、いずれも連行された中国人が強制労働させられた、その場所だということがわかります。これに東京を加えた八カ所で、手弁当で弁護に当たる弁護士たちと裁判を支援する多くの人々の努力で、歴史的な裁判が進んでいるのです。

これ以前に、秋田県の花岡訴訟がありましたが、これは地裁で敗訴、高裁で被告鹿島との間に和解が成立しています。鹿島が五億円で基金を設立して、被害者の生活支援にあてるという内容です。つづいて、劉連仁訴訟をはじめとして各地で訴訟が提起されていますが、いずれも始まったのは九五年以降です。戦後五〇年も経って、ようやく裁判が始まったのです。それだけ遅れた最大の理由は、半世紀に及ぶ日本政府の資料隠しです。「外務省報告書」隠しさえなかったら、もっと早い時期に問題を解決することが可能だったのです。その意味で日本政府は、被害者たちを二重、三重に苦しめてきたということです。

すでに出た判決では、劉連仁裁判と三井鉱山に対する福岡地裁が勝訴、他は棄却・敗訴という結果が出ています。しかし、これらの裁判の現状について、強制連行全国弁護団長の高橋融弁護士は、「登山でいえば山脈の縦走は果たしていないが、すでに未踏の山はなくなった」と、集会で報告しています。それぞれの裁判では一進一退のように見えても、全体を見渡してみれば、主要な争点で原告側の主張が認められてきているということです。

私は専門家でないので詳しいことはわかりませんが、まず中国人強制連行の事実そのものについては、劉連仁判決以後のすべての判決が認めています。その上で、争点になっている不法行為の認定や安全配慮義務違反、あるいは「国家無答責」や時効などについても、それぞれ個別に認めた判決が出ているのです。高橋弁護士は「すべての山を知っているから、遅かれ早かれ、すべてを縦走することができるところまで来た」と言い、すでに弁護団では、全面解決をめざす試案を検討するところまで来ているのです。

それにしても納得できないのは、どんな悪政・悪事を働いていても、裁判で負けるまでは知らないふりをして逃げ通す、日本政府の姿勢です。ハンセン病の扱いがそうでしたし、在外被爆者への被爆者援護法適用にしても全く同じです。裁判で負けてはじめて、しぶしぶ動き出す、そんなこの国の無策とサボタージュは、もはや許されないところに来ているのです。

裁判との関係で目を引くのが、劉連仁訴訟支援の国際署名です。〇三年五月二七日の控訴審までに裁判所に提出した署名が、九八万筆を越えました。そのうち日本で集めたものが三六万名、中国が六二万名近くです。これは日中両国で支援の輪が広がっていることの現われです。とりわけ父親から訴訟を受け継いだ、遺族の劉煥新さんの活躍が際立っています。日本と違って自由に横の組織を作って運動することが困難な中国で、日本を上回る署名を集めている点が注目されます。

✣求められる日本の誠意ある解決

第二次世界大戦中、外国人を大量に強制連行したのは、日本だけではありませんでした。日本と同盟を結んでいたナチス統治下のドイツでも、東

フォルクスワーゲン社が出している写真入りの資料とパンフレット

欧諸国などから連行された八〇〇万人から一、〇〇〇万人が、軍需産業で強制労働に従事させられていたのです。ドイツが戦後、戦争犯罪を徹底して追及し、ナチス幹部や戦争犯罪に協力したものが処罰されたことは、日本でも報道されました。さらに、ナチス犯罪による犠牲者や被害者への補償も行なわれましたが、企業に連行された被害者への補償が決まったのはずっとあとでした。

〇一年夏、連邦法により「記憶・責任・未来に関する連邦財団」が創設されました。ドイツ政府と企業が折半で計一〇〇億マルク（約五、三〇〇億円）を拠出して、生存者約一三〇万人に一人当たり五、〇〇〇マルク（約二七万円）から一万五、〇〇〇マルク（約八〇万円）の補償金を支払うというものです。財団が設立された背景には、アメリカを中心に、ドイツ企業に対して巨額の補償を要求する集団提訴の動きが広がったこともありました。

有名な自動車会社フォルクスワーゲンの例でいうと、社内に「強制労働記念の地」が作られていて、そこにある「記憶保存資料館」には、被害者の証言や当時の写真、日記、手紙、衣類などが、展示されています。その資料館に勤務するマンフレート・グリーガー氏が来日して語ったところによると、「歴史的な状況の再現によって、この地で行なわれた人権侵害を見てもらうのが目的」ということです。来場者には『歴史に学ぶ』というう当時の写真入りのパンフレットが配られます。やはり大事なのは歴史に学ぶことであって、歴史を隠したり、ごまかすことではないはずです。それでなければ、近隣諸国をはじめとして、国際社会の信頼を回復することは不可能でしょう。

国際社会といえば、日本は九九年にＩＬＯ（国際労働機関）の条約勧告適用専門家委員会から、中国人強制連行と「慰安婦」の問題で、「強制労働に関する条約（第29号）に違反する」という指摘を受けました。被害者に対する個人補償がなされていないからです。以後毎年、同じような勧告が出されています。日本は、国際条約違反という恥さらしを今も続けているのです。

◇——あとがき

河北省の田舎道を回っていたとき、突然、ある想いに駆られました。今でさえ、大雨が降れば車が立ち往生するようなこんなところまで、六〇年以上も前に、よくぞ日本軍が大挙押し入って来たものだ、ということです。「満州国」の設立から華北に侵略の手を伸ばした日本が、ついに中国との全面戦争に突入し、第二次世界大戦につながっていったことに思いをはせました。戦争や侵略はいったん始めてしまえば、どうにも止まらなくなるものだということです。

この本を書き終えるころ、小泉首相と中国の胡錦涛国家主席との初めての会談が行なわれ、両首脳とも「未来志向の関係」を強調したと報じられました。未来志向は結構ですが、中国は「前事不忘」を旨とする国です。胡主席は「新世紀の両国関係を深めるため歴史と教訓から学ぶべきだ」とくぎをさしました。中国人強制連行の問題も、ドイツがやったように、きちんと過去の問題を清算して初めて、日中間の真の信頼回復が可能になるのだと思います。

終わりに、日本と中国の関係者の皆さんに大変お世話になったことに深く感謝します。何より被害者の人たちが、日本人である私のカメラの前に、快く立ってくださったことにお礼を申し上げたいと思います。たじろぎながら撮った傷痕は、目を覆いたくなるものも少なくありません。しかしその写真の中に、生き証人たちが過去に受けた体と心の傷の深さが込められているのです。そのことを、読者のみなさんが感じ取ってくださることを願っています。

■主な参考文献
上羽修『中国人強制連行の軌跡』青木書店、一九九三年
NHK取材班『幻の外務省報告書　中国人強制連行の記録』NHK出版、一九九四年
欧陽文彬著・三好一訳『穴にかくれて14年』新読書社、二〇〇二年
早乙女勝元著『穴から穴へ13年――劉連仁と強制連行』草の根出版会、二〇〇〇年
石飛仁著『中国人強制連行の記録』三一新書、一九九七年
田中宏・松沢哲成編『中国人強制連行資料――「外務省報告書」全5分冊ほか』現代書館、一九九五年
松尾章一編『中国人戦争被害者と戦後補償』岩波ブックレット、一九九八年
松尾章一編『中国人戦争被害者の証言』皓星社ブックレット、一九九八年
戦争犠牲者を心に刻む南京集会編『中国人強制連行』東方出版、一九九五年
朝日新聞戦後補償問題取材班『戦後補償とは何か』朝日文庫、一九九九年
パンフレット『中国人強制連行』中国人強制連行弁護団連絡会、一九九九年
中国人強制労働事件・福岡訴訟原告弁護団編『過去を認め、償い、共に歩むアジアの歴史を』二〇〇一年
パンフレット『劉連仁高裁訴訟の全面勝利に向けて』中国人強制連行・劉連仁裁判勝利実行委員会
中国人強制連行事件　北海道・新潟・前橋・福岡訴訟の『訴状』
ドイツ連邦共和国における「記憶・責任・未来」基金調査団『報告書』

■資料、紹介、翻訳などでご協力いただいた方々〈順不同〉
森田太三さん、小野寺利孝さん、松岡肇さん，下司上さん、三嶋静夫さん、渋谷廣和さん、永村誠朗さん、康健さん、劉湧さん、何天義さん、李宗遠さん、黄嵐庭さん、王小伏さん、張航さん、
［写真］橋本紘二さん、金瀬胖さん

鈴木 賢士（すずき・けんじ）

1932年東京生まれ。戦争中千葉県に疎開し、県立成東高校卒業後、家業（靴店）を継ぐ。戦後、店を東京に移し、30歳で東京経済大学に入学、卒業。雑誌記者生活30年。在職中、50代の終わりから現代写真研究所に通い、本科終了後、橋本ゼミで写真を研究。日本リアリズム写真集団（ＪＲＰ）会員。

1996年４月、マニラ市のトレーダーズホテルで写真展『フィリピン残留孤児の訴え』。

1997年７月、銀座ニコンサロンで写真展『フィリピン残留日系人』、同時に同名の著書（写真と文）を草の根出版会より出版。

2000年７～８月、銀座ニコンサロンで写真展『韓国のヒロシマ』、同時に同名の著書（写真と文）を高文研より出版。

同年８月、長崎新聞文化ホールで写真展『韓国のヒロシマ・ナガサキ』。

2003年７月、フォトスペース光陽で写真展『中国人強制連行の生き証人たち』。

中国人強制連行の生き証人たち

●二〇〇三年 八 月 一 日――――第一刷発行

著 者／鈴木 賢士

発行所／株式会社 高 文 研
東京都千代田区猿楽町二－一－八
三恵ビル（〒一〇一＝〇〇六四）
電話 ０３＝３２９５＝３４１５
振替 ００１６０＝６＝１８９５６
http://www.koubunken.co.jp

本文組版／Ｗｅｂ Ｄ（ウェブディー）

印刷・製本／精文堂印刷株式会社

★万一、乱丁・落丁があったときは、送料当方負担でお取りかえいたします。

ISBN4-87498-308-1 C0021